UR

Pérdida de la investidura, 1991-2011

Una herramienta eficaz contra la corrupción de los congresistas, diputados y concejales

Pérdida de la investidura, 1991-2011

Una herramienta eficaz contra la corrupción de los congresistas, diputados y concejales

Fernando Cepeda Ulloa

Colección Ciencia Política y Gobierno y de Relaciones Internacionales

ISBN: 978-958-738-259-4

Primera edición: Bogotá D. C., mayo de 2012
Coordinación editorial: Editorial Universidad del Rosario
Corrección de estilo: Leonardo Holguín Rincón
Diseño de cubierta: David Reyes
Diagramación: Precolombi EU-David Reyes
Editorial Universidad del Rosario
Carrera 7 No. 12B-41, of. 501 • Tel: 297 02 00, ext. 7724
http://editorial.urosario.edu.co

Fecha de evaluación: 12 de diciembre de 2011 | Fecha de aprobación: 23 de marzo de 2012

Ulloa Cepeda, Fernando
Pérdida de la investidura, 1991-2011: una herramienta eficaz contra la corrupción de los congresistas, diputados y concejales / Universidad del Rosario. —Bogotá: Editorial Universidad del Rosario, 2012.
194 p. (Colección Ciencia Política y Gobierno y Relaciones Internacionales)

ISBN: 978-958-738-259-4

Derecho administrativo – Colombia / Sanciones disciplinarias – Colombia / Pérdida de investidura – Colombia / Derecho público – Colombia / Funcionarios públicos – legislación – Colombia / Delitos de los funcionarios – legislación – Colombia / Corrupción Política – Colombia / I. Universidad del Rosario, Facultades de Ciencia Política y Gobierno y de Relaciones Internacionales / II. Título. / III. Serie.

342.055 SCDD 20

Catalogación en la fuente – Universidad del Rosario. Biblioteca

dcl Marzo 29 de 2012

Contenido

Prólogo

Colombia puede, con buenas razones y mejores realidades, exhibir ante el mundo un conjunto de herramientas que han demostrado su eficacia en la lucha contra la corrupción.

En febrero de 1999, en virtud de un acuerdo de consultoría individual suscrito con el Banco Interamericano de Desarrollo (su representante en Colombia era Carlo Binetti) presentó una lista de los mecanismos que, luego de una revisión, me parecieron los más efectivos en la lucha contra la corrupción. Bien entendido, se trataba de identificar instituciones o herramientas novedosas, más allá de las tradicionales: el Código Penal, la policía, los servicios de inteligencia, los servicios rutinarios de auditoría o de fiscalización; y, descartados, los de control político, que solo excepcionalmente han sido efectivos.

De suyo, ante el formidable repertorio de instituciones tradicionales para asegurar la transparencia en el manejo de los recursos públicos y privados, debería ser innecesario acudir a la imaginación para identificar nuevas formas para conseguir honestidad, probidad, diafanidad.

En el mundo entero, ha sido necesario innovar en esta materia, hasta el punto de inventar indicadores, clasificaciones, organizaciones no gubernamentales para hacer el seguimiento y la evaluación de las políticas anticorrupción. Y las instituciones multilaterales, todas, a partir de los años noventa –ya finalizada la Guerra Fría– crearon unidades especializadas en el tema.

La verdad sea dicha, no es mucho el progreso alcanzado. Los escándalos saltan por aquí y por allá. Y la precariedad de los nuevos instrumentos ha sido puesta en evidencia.

La globalización ha facilitado nuevos comportamientos ilícitos, como lo acredita con descripciones lúcidas el reconocido libro de Moisés Naím, *Illicit: How smugglers, traffickers, and Copycats are Hijacking the Global Economy* (2005). La esperanza es que la misma globalización nos permita identificar "buenas prácticas" en la lucha anticorrupción.

La pérdida de investidura es una institución que ya cumple veinte años. Introducida por la Constitución de 1991 ha demostrado su eficacia. Tanta que no han sido pocos los intentos por reformarla, mejor dicho, por desvirtuarla.

La institución cobija a todas las autoridades de las corporaciones públicas en sus diferentes niveles: senadores, representantes, diputados, concejales y ediles.

Este estudio, publicado en el 2004 en mi libro *Financiación política y corrupción* y en el mismo año en *Fortalezas de Colombia,* fue desarrollado inicialmente para el Forum on Implementing Conflict of Interest Policies in the Public Service, OECD-IADB (5-6 de mayo de 2004, Rio de Janeiro, Brasil). Ahora, actualizado, es publicado por la Universidad del Rosario, gracias al interés de su vicerrector, Alejandro Vanegas Franco, y del decano de las Facultades de Ciencia Política y Gobierno y de Relaciones Internacionales, Eduardo Barajas Sandoval.

El contenido de este texto mantiene toda su vigencia. En beneficio del lector, se ha hecho una actualización estadística que estuvo a cargo de Nicolás Ávila, estudiante de Ciencia Política en Francia. Es evidente que la pérdida de investidura ha adquirido una importancia creciente con respecto a las Asambleas y los Concejos Municipales, y que su vigencia es ahora menor con respecto al Congreso Nacional.

¿Y cómo se explica la disminución en lo referente a senadores y representantes? ¿Acaso ha habido un efecto de disuasión?

Todo parece indicar que dos escándalos, el de la *yidispolítica* y el de la *parapolítica,* produjeron un efecto de anticipación. Muchos de los congresistas implicados renunciaron a su investidura con el propósito de buscar que el proceso que se adelantaba contra ellos se surtiera por la vía ordinaria y no por la excepcional que la Constitución les otorgaba, o sea, un juicio llevado por la Corte Suprema de Justicia. Preferían la vía ordinaria que les permitía la doble instancia, beneficio que no tenía lugar si se acogían al fuero que les correspondía como congresistas. Así las cosas, veintisiete senadores renunciaron al fuero.

Hubo casos tan absurdos e injustos como el del ex presidente del Senado, Carlos García, quien siendo presidente del partido de Gobierno (Partido Social de la Unidad Nacional), senador en ejercicio y, anteriormente, presidente del Senado, fue llamado a juicio por la Corte Suprema y, luego de estar en la cárcel durante casi dos años, ¡fue declarado inocente!

¿Es transferible esta institución a otros países? Nada fácil. Lo que debe tenerse en cuenta es que no basta con incluir en la Constitución esta institución. Es indispensable que exista un Consejo de Estado independiente, además un mecanismo como el de la Corte Constitucional que esté atento a impedir desarrollos legislativos que la hagan inocua o menos eficaz, y también se requiere una sociedad civil alerta para asegurar que la institución tenga plena vigencia y que su razón de ser no se desvirtúe. Insisto, nada fácil. Todas estas circunstancias le dan vigor y validez a la institución de la pérdida de investidura, pero también acreditan que su eficacia está siempre amenazada y que ella no es automática. Es el concurso de muchos factores lo que hace viable y exitosa esta herramienta anticorrupción. Eso es lo que conviene tomar en consideración cuando se busque trasplantarla.

Luego de veinte años, conviene hacer un balance:

1. Ha habido un proceso de aprendizaje que ha llevado a una conducta más cuidadosa por parte de los congresistas, así en algunas ocasiones hayan buscado subterfugios legales o políticos para protegerse.
2. Lo ideal es que esta institución sirva más como un elemento disuasivo que como un instrumento punitivo. Así las cosas, la disminución de sentencias condenatorias no debe, forzosamente, entenderse como un debilitamiento de la institución.
3. Las numerosas sentencias referidas a los miembros de las corporaciones territoriales deben valorarse a la luz del altísimo número de diputados, concejales y ediles.
4. Es muy probable que una dosificación de la actual pena (muerte política) deba ser considerada con base en un análisis de lo que ha sido la experiencia. Un hecho revelador así lo aconsejaría. Me refiero al hecho público y notorio de que varios sancionados han sido nombrados en altos cargos públicos, algunos de ellos como embajadores.
5. Los gobiernos y la propia opinión pública no han criticado esos nombramientos. Consideran acaso que la falta no ameritaba una sanción tan drástica. Es difícil verificar que la prohibición de ser elegido no inhabilita para el ejercicio de otros cargos en la administración pública. Es

> claro que la "muerte política" no cubre todo el espectro de la vida pública, solamente el de la vida electoral. La eventual inconsistencia –no es elegible pero sí es nombrable– amerita una reflexión al respecto.

No deja de ser sorprendente que los mismos congresistas no hayan propiciado un estudio serio sobre esta importante innovación institucional. El Procurador General de la Nación, Alejandro Ordoñez, ha hecho planteamientos públicos que apuntan hacia la dosificación de la pena en el caso de la pérdida de investidura. Es una propuesta apropiada.

El lector puede beneficiarse de dos trabajos que ha elaborado el distinguido jurista Fernando Brito Ruiz, procurador delegado, quien ha publicado dos estudios de obligada consulta, así: *Pérdida de investidura de los congresistas. Una sanción de naturaleza política* (2004), es un trabajo que aparte de traer los antecedentes constitucionales en Colombia presenta una breve reseña sobre las constituciones de Argentina, Venezuela, Perú y Chile; y *Estudio jurisprudencial: la pérdida de investidura de los congresistas, reglas y sub reglas aplicadas por el Consejo de Estado* (2005), ambas publicaciones han sido editadas por la Procuraduría General de la Nación. Como dice muy bien Fernando Brito:

> La pérdida de investidura configura entonces una sanción decretada por la máxima instancia con-

> tencioso-jurisdiccional. Se impone mediante una sentencia que despoja al sancionado de uno de sus derechos políticos: el de miembro electo de una Corporación de elección popular, lo que le había sido concedido por el sufragio; medida de la desinvestidura que conlleva otra sanción política: la imposibilidad para el sancionado de volver a ser elegido congresista (...) quien pierde su investidura de congresista no la puede volver a obtener en ninguna época posterior a la sanción, con lo cual se priva de manera general, indefinida, permanente, del derecho a ser elegido, sanción política única e indudablemente drástica, por lo que se puede afirmar, sin duda, que se trata de una sanción de naturaleza política y no disciplinaria. (2004, pp. 98; 110)

Pasadas dos décadas, es hora de examinarla en la perspectiva de lo que ha ocurrido y en forma comparativa con la experiencia de otros Congresos.

La institución, sin duda, debe preservarse. El alcance de la sanción, a perpetuidad, debería reexaminarse. Aunque se podría argumentar que esa aparente inconsistencia, arriba anotada, constituye el remedio: que al no establecerse una "muerte política total" sino tan solo la que se tramita por la vía electoral, hay ya una mitigación de la pena.

Fernando Cepeda Ulloa

Introducción

En la lucha contra la corrupción hace falta identificar herramientas que hayan probado su eficacia. Es fundamental contar con un repertorio de *Best Practices* que permitan avanzar en la búsqueda de transparencia en la gestión pública y en la vida empresarial y, sin duda, en la del sector solidario o de las fundaciones y ONG.[1]

---

[1] El autor de este estudio ha publicado varios libros sobre corrupción y sobre el tema de financiación política: *La corrupción administrativa en Colombia. Diagnóstico y recomendaciones para combatirla*, (2 vols.), Bogotá, Tercer Mundo editores, 1994. (Comp.), *La corrupción en Colombia,* Bogotá, Tercer Mundo Editores, 1997a. (Ed.), *Corrupción y gobernabilidad,* Bogotá, 3R Editores, 2000. *Financiación de campañas políticas*, Bogotá, Ariel Ciencia Política, 1997b. *La lucha contra la corrupción en Colombia y recomendaciones para diseñar una nueva estrategia*, Santafé de

La preocupación por encontrar fórmulas exitosas dio lugar a la solicitud que el entonces representante del BID en Colombia, Carlo Binetti, me hizo para que realizara una indagación en esa materia en Colombia. Este encargo me permitió repasar las estrategias anticorrupción y así rescatar un conjunto importante de mecanismos cuya naturaleza ya mostraba resultados apreciables a favor de la integridad.

Carlo Binetti y Fernando Carrillo-Flórez, en la oficina de la representación del BID en Europa, quisieron que se hiciera una tarea concreta de descripción, análisis y evaluación de una de esas prácticas exitosas. Se trata de la institución denominada "pérdida de investidura" que viene siendo aplicada a partir de la Constitución de 1991.[2]

Este trabajo permitirá no solo un mejor conocimiento de una innovación institucional muy significa-

---

Bogotá, conforme al acuerdo sobre servicios de consultoría individual suscrito con el Banco Interamericano de Desarrollo, 1999.

[2] Pueden consultarse los libros de Fernando Brito, *Pérdida de investidura de los congresistas. Una sanción de naturaleza política*, Bogotá, Procuraduría General de la Nación, 2004. *La pérdida de investidura de los congresistas. Reglas y subreglas aplicadas por el Consejo de Estado*, Bogotá, Procuraduría General de la Nación, 2005. Fernando Brito y otros, *La pérdida de la investidura en Colombia*, Pereira, Universidad Libre, 2007. Eduardo Hernández, *La pérdida de investidura de congresistas y concejales*, Bogotá, Rodríguez Quito Editores, 1998.

tiva sino que señalará las bondades de un recurso que es susceptible de ser replicado en otros contextos con las cautelas que aconsejan la tradición y las prácticas jurídicas pertinentes.

Ojalá este ejercicio de revisión de denuncias con sus correspondientes respuestas jurisprudenciales sirva para consolidar una herramienta que ha mostrado su eficacia tanto desde la perspectiva de la oportuna y contundente sanción como de la no menos relevante de la disuasión. Este último aspecto parece quedar bien ilustrado con la evolución de la aplicación de esta ejemplarizante forma de castigo.

Estudios de caso como el que se presenta pueden señalar caminos promisorios en la lucha contra la corrupción, tan carente de éxitos reales. Documentar las mejores prácticas anticorrupción debería ser un programa prioritario de las instituciones que se han propuesto asegurar altos niveles de transparencia en su propia gestión y en la de los países y agencias que se benefician de sus préstamos y asesorías.

El conocimiento de los diferentes casos es aleccionador para quienes están interesados en adoptar estrategias exitosas contra la corrupción. El tema de la pérdida de investidura ofrece importantes perspectivas que van desde las ventajas de poner en marcha una institución como esta hasta las cautelas que deben prevenirse. Por igual, este estudio de caso muestra las fortalezas de esta institución como sus debilidades y los repetidos intentos de debilitarla. Estos riesgos han sido oportunamente controlados por la Corte Constitucional en Colombia.

El esfuerzo, en buena hora propiciado por el BID, ayudará a la consolidación de esta institución en Colombia y a prevenir los riesgos que podrían hacerla menos eficaz si no inútil o inocua.

El autor agradece el interés de Carlo Binetti y de Fernando Carrillo-Flórez en la realización de esta investigación. La doctora Claudia Escolar prestó una colaboración invaluable que la hace coautora de este escrito. De la misma manera debo señalar y agradecer la generosa y eficaz ayuda de mi asistente, Lina María Cárdenas R, estudiante de la Facultad de Administración de la Universidad de los Andes. El Consejo de Estado facilitó ampliamente la consecución de la jurisprudencia y de las estadísticas. Para ellos va la expresión de gratitud. El estudiante de Ciencia Política, en Francia, Nicolás Ávila Venegas, hizo la investigación que permitió actualizar los datos estadísticos que formaron parte de la primera edición.

Origen y filosofía

La institución de la pérdida de investidura es una creación del constituyente de 1991. Es una de las innovaciones que lograron un consenso simple y que no fueron sometidas a votación nominal ni secreta en la Asamblea Constituyente.[1] Se aprobó por aclamación. Con el tiempo, esta institución se ha consolidado y goza de un amplio respaldo.

El antecedente inmediato de la pérdida de investidura fue el Acto Legislativo núm. 1 de 1979, una extensa reforma constitucional impulsada durante el gobierno de Julio Cesar Turbay (1978-1982). En efecto, su

---

[1] Manuel José Cepeda Espinosa, *La Asamblea Constituyente por dentro: mitos y realidades,* Bogotá, Presidencia de la República, 1993, p. xliii.

artículo 13 establecía que "la infracción al régimen de incompatibilidades y al de conflicto de interés previstos en la Constitución", así como "faltar en un período legislativo, sin causa justificada, a ocho de las sesiones plenarias en que se voten proyectos de actos legislativos o de ley", serían causales de pérdida de investidura. También contemplaba que el Consejo de Estado sería la institución competente para decretarla. Sin embargo, es necesario subrayar que este Acto Legislativo no precisó quién podría presentar la demanda, por lo cual dejó su aplicabilidad a merced del desarrollo legislativo. Esto puede ayudar a explicar por qué durante el breve período de su vigencia antes de ser declarado inconstitucional por la Corte Suprema de Justicia,[2] no se presentó ninguna demanda de pérdida de investidura.[3]

Aunque este acto legislativo no tuvo mucha aplicación, mostró un interés creciente por moralizar las costumbres del Congreso y estimular la transparencia de las actuaciones de sus miembros. De hecho, su artículo 25 dispuso que los congresistas que dos años antes de su elección hubieran prestado servicios remunerados a gremios o personas de derecho privado cuyos intereses o negocios incidieran en los actos que estudie el Congreso,

---

2 República de Colombia, Corte Suprema de Justicia, Sentencia de 3 de noviembre de 1981.

3 *Foro Colombiano* [nota del director], t. 26, núms. 151-152, enero y febrero de 1982, pp. 1-174.

deberían comunicarlo por escrito a la Mesa Directiva de la Corporación para que, previa publicación en los Anales, esta decidiera si deben abstenerse de participar en su trámite y votación. Y cualquier miembro de la respectiva Cámara podía denunciar el impedimento cuando la comunicación no se hiciera oportunamente.

Una década más tarde, ante la erosión de la credibilidad en las instituciones representativas, y al deseo mayoritario de la opinión pública de cambiar las costumbres políticas marcadas por el clientelismo, así como para fortalecer al Estado y combatir las organizaciones criminales, se impulsó, desde el gobierno del presidente Virgilio Barco (1986-1990), el proceso constituyente que concluyó en la Constitución de 1991, elaborada bajo el liderazgo del presidente César Gaviria (1990-1994). El Gobierno planteó como uno de los grandes propósitos del proyecto de reforma constitucional que presentó a la Asamblea Nacional Constituyente "recuperar la confianza de los ciudadanos en sus instituciones, y lograr que se sientan adecuadamente representados en ellas".[4] En el caso del Congreso, dicho propósito se lograría "en la medida en que los colombianos encuentren que se erradican de una vez por todas, los vicios y las

---

4 Proyecto de Acto Reformatorio de la Constitución Política de Colombia, Presidencia de la República, febrero de 1991, p. 269.

prácticas que han venido haciendo mella en la imagen y en la tarea misma de la institución".[5]

Consecuentemente, el proyecto gubernamental incluyó la pérdida de investidura como un mecanismo de vigilancia y control ciudadano de sus representantes, y como una "forma de sanción al congresista que incumple las tareas que el cargo le impone". Las causales sugeridas fueron la violación del régimen de incompatibilidades y la inasistencia durante un período legislativo, sin causa justificada, a una cuarta parte de las sesiones convocadas regularmente. También se previó que dichas causales podrían ampliarse por vía de la ley a los conflictos de intereses, cuando se expidiera el reglamento del Congreso.[6]

La pérdida de investidura fue justificada dentro del proyecto gubernamental como un sucedáneo de la revocatoria del mandato. En efecto, se estimó que si bien a

---

5 Ibídem.

6 El artículo 181 del proyecto del Gobierno decía, en su numeral 2.º: "Cuando se estudien asuntos que incidan directamente sobre intereses particulares con los cuales uno de sus miembros hubiera tenido vinculación, deberá hacerlo saber y su voto será siempre público, aun si votare en blanco". Y en su numeral 3.º establecía: "La ley señalará las faltas disciplinarias de los miembros de las corporaciones públicas, la forma de integración y las facultades de la comisión de ética de las mismas, las sanciones a que haya lugar por violación de las prohibiciones y conflictos de interés señalados en el apartado anterior, las cuales podrán llegar hasta la pérdida de la investidura".

través de la revocatoria se podría remover de su cargo a cualquier funcionario elegido por circunscripción uninominal, esta figura difícilmente podría aplicarse a un miembro de una lista plurinominal elegido para una corporación. Por consiguiente, la pérdida de investidura sería el mecanismo idóneo para ello.

El proyecto confiaba a la Corte Constitucional la misión de decretar la pérdida de investidura.[7] Los constituyentes no compartieron este punto porque consideraron que al ser la Corte elegida por el Senado, los magistrados de dicha Corte no debían ser los jueces de la investidura de quienes fueron sus electores, ya que ello podría afectar la imparcialidad real o percibida del proceso judicial. Además, se estimó que la acción de pérdida de investidura era afín a las acciones contencioso administrativas que tradicionalmente han sido de competencia del Consejo de Estado.

En el informe de la Comisión encargada de elaborar el estatuto constitucional del congresista, los constituyentes resaltaron la importancia de precisar el alcance del régimen de las incompatibilidades, con el fin de evitar que el congresista use su potestad sobre las otras ramas del poder público y sobre la comunidad en general

---

[7] Proyecto de Acto Reformatorio de la Constitución Política de Colombia, Presidencia de la República, febrero de 1991, p. 251.

para obtener privilegios indebidos. Solo así se crearían las condiciones para

> el mejor desempeño del cargo y para prevenir la acumulación de honores y poderes (...) La condición de congresista da a las personas que la ostentan una excepcional capacidad de influencia sobre quienes manejan dineros del Estado y en general sobre quienes deciden los asuntos públicos, lo que establece condiciones inequitativas de competencia con el común de las gentes amén de que puede llevar a la corrupción general del sector público, porque la rama del poder que debe ser en últimas la responsable de la fiscalización, se compromete con los sujetos de esa fiscalización.[8]

---

[8] "No parece necesario demostrar el inmenso desprestigio del Congreso, fenómeno que ha venido aumentando en los últimos tiempos. Elementos como los llamados auxilios parlamentarios, los viajes de congresistas al exterior, el 'ausentismo', el desgano demostrado a veces en el estudio y debate de los asuntos a su cargo, la falta de un régimen estricto de inhabilidades e incompatibilidades, han contribuido a corroer de manera grave la imagen de las cámaras legislativas ante el ciudadano común. Adicionalmente, la frecuente, por no decir permanente, interferencia de intereses particulares o de grupo en la decisión de temas trascendentales para la República. El Congreso aparece hoy como un órgano ineficiente, desorganizado, vacilante, incompetente, burocratizado, cuyos miembros sólo tienen preocupaciones electorales, incapaz de enfrentar con eficacia los grandes problemas y las inaplazables soluciones de un país que

Por lo demás, la Comisión que se creó para estudiar la pérdida de investidura puso de manifiesto que "todo ser humano está sujeto a variaciones en su capacidad de juicio imparcial; cuando intervienen intereses o compromisos personales que puedan ser afectados por las decisiones a tomar, resulta necesario prevenir que tales intereses o compromisos distorsionen el ánimo imparcial del congresista, quien debe actuar siempre movido por los más altos intereses del Estado y de la comunidad".[9]

En últimas, en la Constitución no solamente se precisaron las causales del régimen de inhabilidades, de incompatibilidades, de conflicto de intereses y la consecuente sanción de la pérdida de investidura, sino que se sentaron una serie de principios y garantías que le permiten al ciudadano participar en el control político. Precisamente esa es la gran innovación de la Constitución de 1991, puesto que concibió la figura de la pérdida de investidura como un instrumento de control político por parte de los ciudadanos en una democracia participativa, principio filosófico que fue votado por los colom-

---

desespera. Para corregir esta situación será necesario introducirle serias y profundas reformas, bajo el nombre genérico de 'estatuto del Congresista'" (*Gaceta Constitucional*, martes 16 de abril de 1991, pp. 26-27).

[9] Luis Guillermo Nieto Roa, ponencia para Primer Debate en Plenaria, *Gaceta Constitucional*, núm. 79, 22 de mayo de 1991, p. 16.

bianos en el referendo del 27 de mayo de 1990 sobre la creación de una Asamblea Nacional y desarrollado en el proyecto gubernamental presentado a dicha Asamblea en febrero de 1991.

De tal forma que los ciudadanos tienen el derecho fundamental de presentar acciones públicas en defensa de la Constitución y de la ley, lo cual es una materialización del derecho a ejercer control sobre sus representantes (art. 40, CN). Por ende, es una manera de "empoderar" y fortalecer al ciudadano para que vigile la actuación de sus representantes, la cual a su vez exige al elegido ser transparente y anteponer el interés general a sus intereses particulares (art. 133, CN).

No hay duda entonces de que los constituyentes se propusieron ampliar las causales encaminadas a promover la moralización de las costumbres políticas para lograr la relegitimación del Congreso, pues tuvieron el cuidado de incluir en la Carta del 91 todos los elementos de la figura de la pérdida de investidura necesarios para que esta pudiera empezar a funcionar de manera inmediata y eficaz, después de promulgada la nueva Constitución.

El perfil de la institución

Definición

A la luz de la jurisprudencia, la pérdida de investidura es la sanción[1] que se impone a los congresistas y a otros integrantes de corporaciones públicas elegidos popularmente, cuando incurran en las causales establecidas en la Constitución y en la ley. Por consiguiente, al vulnerar el régimen a ellos impuesto en virtud de la función que desempeñan, el servidor no solo será separado de su cargo sino que perderá su derecho a ser elegido de forma indefinida, según lo establece la propia Constitución (Art. 179-4).

---

1 "Todo ello deja ver que no se trata de un castigo cualquiera sino de uno excepcional que, por lo tanto, requiere en grado sumo la plena observancia de las garantías y requisitos constitucionales del debido proceso". República de Colombia, Corte Constitucional, Sentencia C-247 de 1995, M.P. José Gregorio Hernández Galindo.

Para el Consejo de Estado y la Corte Constitucional, la pérdida de investidura "constituye un verdadero juicio de responsabilidad política que culmina con la imposición de una sanción de carácter jurisdiccional, de tipo disciplinario (...) equiparable por sus efectos y gravedad, a la destitución de los altos funcionarios públicos (...) que termina con una sentencia".[2] Para el Ministerio Público es "un procedimiento especial disciplinario, autónomo" y la "manifestación de un control externo que tiene como juez natural al Consejo de Estado que constituye una verdadera sanción".[3]

Desarrollo legislativo

Las primeras normas que desarrollaron la pérdida de investidura fueron:

1. La Ley 5 de 1992, por la cual se expide el Reglamento del Congreso; el Senado y la Cámara de Representantes, donde se regularon las causales previstas en la Constitución y se establecieron algunos requisitos para presentar demandas de

---

2 República de Colombia, Corte Constitucional, Sentencia C-319, proceso D-470. M.P. Hernando Herrera Vergara, 14 de julio de 1994.

3 Concepto Procurador General de la Nación, 9 de marzo de 1994, Proceso D-470, oficio núm. 38.

pérdida de investidura, en sus artículos 286-304.

2. La Ley 144 de 1994, por la cual se establece el procedimiento de pérdida de la investidura de los congresistas, en sus artículos 1-19.
3. Ley 136 de 1994, sobre pérdida de investidura de concejales.
4. Ley 446 de 1997, sobre competencias para conocer la acción de pérdida de investidura contra congresistas y concejales y el recurso de revisión contra sentencias de desinvestidura.
5. Ley 617 de 2000, sobre ajuste fiscal territorial que reguló las causales de pérdida de investidura de diputados departamentales, municipales y distritales.
6. Ley 734 de 2002 o Código Disciplinario Único, sobre inhabilidades, incompatibilidades y prohibiciones, en cuyo artículo 40, se refiere expresamente al conflicto de intereses.

Como se anotó, la pérdida de investidura fue creada originalmente para los miembros del Congreso. No obstante, la propia Constitución admitió, en el artículo 299, su extensión a los diputados, al establecer que el régimen de inhabilidades e incompatibilidades para ellos sería fijado por la ley. Con este mismo fin se estableció una disposición relativa a las incompatibilidades e inhabilidades de los concejales en el artículo 312, la cual fue desarrollada mediante la expedición de la Ley

136 de 1994, por la cual se dictan normas tendientes a modernizar la actuación y el funcionamiento de los municipios. Su artículo 55 decreta que los concejales perderán su investidura por violación del régimen de inhabilidades, incompatibilidades o de conflicto de intereses, por indebida destinación de dineros públicos o por tráfico de influencias debidamente comprobado. Esta será decretada por el Tribunal de lo Contencioso Administrativo de la respectiva jurisdicción, siguiendo el procedimiento establecido para los congresistas, en lo que corresponda.

Posteriormente, la Ley 617 de 2000, sobre ajuste fiscal territorial y racionalización del gasto público nacional, contempló una serie de reglas para la transparencia de la gestión departamental, municipal y distrital. En ella se reforman y adicionan varios artículos de la Ley 136 de 1994, especialmente los relativos a las inhabilidades e incompatibilidades de concejales. Cabe resaltar que esta norma también introduce la extensión en el tiempo de las incompatibilidades y amplía las causales de pérdida de investidura para diputados y ediles.

Es importante recordar que esta ley formó parte del conjunto de estrategias diseñadas durante el gobierno de Andrés Pastrana para enfrentar los problemas financieros del país.

Por último, la Ley 734 de 2002, o Código Disciplinario Único, en su artículo 22 ordena a todos los servidores públicos que con el fin de

> salvaguardar la moralidad pública, transparencia, objetividad, legalidad, honradez, lealtad, igualdad, imparcialidad, celeridad, publicidad, economía, neutralidad, eficacia y eficiencia que debe observar en el desempeño de su empleo, cargo o función, ejercerá los derechos, cumplirá los deberes, respetará las prohibiciones y estará sometido al régimen de inhabilidades, incompatibilidades, impedimentos y conflictos de intereses, establecidos en la Constitución Política y en las leyes.

Y en su artículo 40 dispone de manera amplia que

> todo servidor público deberá declararse impedido para actuar en un asunto cuando tenga interés particular y directo en su regulación, gestión, control o decisión, o lo tuviere su cónyuge, compañero o compañera permanente, o algunos de sus parientes dentro del cuarto grado de consanguinidad, segundo de afinidad o primero civil, o su socio o socios de hecho o de derecho. Cuando el interés general, propio de la función pública, entre en conflicto con un interés particular y directo del servidor público deberá declararse impedido.

En síntesis, la expedición de toda la normatividad antes mencionada demuestra que el legislador ha querido avanzar en la aplicación de esta figura y por ello ha cobijado a otros miembros de corporaciones de elección popular, lo que a su vez ha ampliado los instrumentos de vigilancia ciudadana a nivel departamental y municipal. En este documento solo se analizará la institución respecto de los miembros del Congreso Nacional.

Causales de pérdida de investidura

El artículo 183 de la Constitución Política, al establecer las causales de pérdida de investidura de los congresistas, no permite que el legislador señale otras nuevas, pues de manera reiterada ha dicho la jurisprudencia que esta enunciación tiene "muy especiales características" pues "tan sólo puede operar en los casos, bajo las condiciones y con las consecuencias que la Carta Política establece. Las causas que dan lugar a ella son taxativas. Esto significa que no puede la ley restringir ni ampliar las causales establecidas por la Constitución como determinantes de pérdida de investidura.[4]

En efecto, el artículo 183 establece que los congresistas perderán su investidura en los siguientes casos:

1. Por violación del régimen de inhabilidades e incompatibilidades, o del régimen de conflicto de intereses.
2. Por la inasistencia, en un mismo período de sesiones, a seis reuniones plenarias en las que se voten

[4] Sentencia C-280/96, M.P. A. Martínez Caballero.

proyectos de acto legislativo, de ley o mociones de censura.

3. Por no tomar posesión del cargo dentro de los ocho días siguientes a la fecha de instalación de las cámaras, o de la fecha en que fueren llamados a posesionarse.
4. Por indebida destinación de dineros públicos.
5. Por tráfico de influencias debidamente comprobado.

Parágrafo. Las causales 2 y 3 no tendrán aplicación cuando medie fuerza mayor.

A su vez, el artículo 179 de la Constitución determina de manera específica el régimen de inhabilidades de los congresistas. En virtud de dicha norma, no podrán ser elegidos quienes hayan sido condenados a pena privativa de libertad en cualquier época por sentencia judicial; quienes hubieren ejercido como empleados públicos, jurisdicción o autoridad política, civil, administrativa o militar, doce meses antes de la elección; quienes hayan gestionado negocios o celebrado contratos en interés propio o de terceros ante entidades públicas, o hayan sido representantes legales de entidades que administren tributos o contribuciones parafiscales, dentro de los seis meses anteriores a la elección; quienes hayan perdido su investidura; quienes tengan vínculos por matrimonio, o unión permanente, o de parentesco en tercer grado de consanguinidad, primero de afinidad, o único civil, con funcionarios que ejerzan autoridad civil o política; quienes estén vinculados entre sí y se inscriban por el mismo partido, movimiento o grupo para elección de cargos, o de corporaciones públicas para la misma fecha; quienes tengan doble nacionalidad, exceptuando los colombianos por nacimiento; y por último, nadie podrá ser elegido para más de una corporación o cargo público, ni para una corporación y un cargo, si los respectivos períodos coinciden, así sea parcialmente.

De forma equivalente, el artículo 180 enumera de manera detallada las incompatibilidades de los congresistas. En él se dice que los congresistas no podrán desempeñar cargo o empleo público o privado; gestionar, en nombre propio o ajeno, asuntos ante entidades públicas o ante las personas que administren tributos, ser apoderados ante ellas, ni celebrar con ellas contrato alguno. Tampoco podrán ser miembros de juntas o consejos directivos de entidades descentralizadas o de instituciones que administren tributos; celebrar contratos o realizar gestiones con personas naturales o jurídicas de derecho privado que administren, manejen o inviertan fondos públicos o sean contratistas del Estado o reciban donaciones de este.

Es importante aclarar que, en relación con el conflicto de intereses, las normas constitucionales que lo consagran son más abstractas y amplias que en las dos causales anteriores. De hecho, el artículo 182 prescribe que los congresistas deben poner en conocimiento de la respectiva cámara las "situaciones de carácter moral o económico" que los inhiban para participar en el trámite de los asuntos sometidos a su consideración. Esta amplitud se ha mantenido respecto a los conflictos de orden moral. En cambio, en lo que atañe a los económicos, el legislador ha restringido su alcance, como se verá más adelante.

Adicionalmente, el artículo 110 de la Constitución complementa las normas anteriores, al estipular que "se prohíbe a quienes desempeñan funciones públicas hacer contribución alguna a los partidos, movimientos o candidatos, o inducir a otros a que lo hagan, salvo las excepciones que establezca la ley. El incumplimiento de cualquiera de estas prohibiciones será causal de remoción del cargo o de pérdida de la investidura".

¿Quién puede solicitar la pérdida de investidura?

De acuerdo con la Constitución y la ley, la pérdida de investidura puede ser solicitada por la Mesa Directiva de la Cámara correspondiente o por cualquier ciudadano.

Cuando la solicitud sea formulada por la Mesa Directiva de la Cámara a la cual pertenezca el congresista, esta deberá ser enviada al Consejo de Estado, junto con toda la documentación correspondiente.

En el evento en que la solicitud sea presentada por un ciudadano, esta deberá ser formulada en un escrito que contenga: nombre e identificación; domicilio; nombre del demandado y acreditación de congresista; causal invocada debidamente explicada; la solicitud de práctica de pruebas y el lugar de las notificaciones. La solicitud puede ser presentada sin apoderado.

¿Quién decide la pérdida de investidura y en qué plazo?

De acuerdo con los artículos 184 y 237-5 de la Constitución, se atribuye al Consejo de Estado la competencia para conocer y decretar la pérdida de investidura de los congresistas, en única instancia. Este deberá proferir su sentencia en un término no mayor a veinte días hábiles, contados desde la presentación de la solicitud.

En cuanto a las demandas de pérdida de investidura de diputados, concejales municipales y distritales, así como de miembros de juntas administradoras locales, la Ley 617 del 2000 estipula que el órgano competente para decidirlas es el tribunal de lo contencioso administrativo con jurisdicción en el respectivo departamento. Este tendrá hasta cuarenta y cinco días hábiles para emitir su fallo, contados a partir de la fecha de la solicitud formulada por la mesa directiva de la asamblea departamental, o del concejo municipal, o por cualquier ciudadano. La segunda instancia se surtirá ante la sala o sección del Consejo de Estado que determine la ley, en un término no mayor de quince días.[5]

---

[5] "Art. 48 de la Ley 617 de 2000. Los diputados y concejales municipales y distritales y miembros de juntas administradoras locales perderán su investidura:

Procedimiento

La Ley 144 de 1994 establece el procedimiento de pérdida de investidura de los congresistas, así:

a. Presentación de la solicitud y trámite. La solicitud debe ser presentada ante el Secretario General del Consejo de Estado. Una vez recibida, el Presidente del Consejo de Estado la reparte al día hábil siguiente, y designa el Magistrado ponente, quien procede a admitirla o no, en los dos días hábiles siguientes a su reparto. En ese mismo término se notifica la decisión al congresista.

---

1. Por violación del régimen de incompatibilidades o del de conflicto de intereses. No existirá conflicto de intereses cuando se trate de considerar asuntos que afecten al concejal o diputado en igualdad de condiciones a las de la ciudadanía en general.

2. Por la inasistencia en un mismo período de sesiones a cinco (5) reuniones plenarias o de comisión en las que se voten proyectos de ordenanza o acuerdo, según el caso.

3. Por no tomar posesión del cargo dentro de los tres (3) días siguientes a la fecha de instalación de las asambleas o concejos, según el caso, o a la fecha en que fueren llamados a posesionarse.

4. Por indebida destinación de dineros públicos.

5. Por tráfico de influencias debidamente comprobado.

6. Por las demás causales expresamente previstas en la ley.

PAR. 1.º Las causales 2 y 3 no tendrán aplicación cuando medie fuerza mayor."

El Magistrado ponente devuelve la solicitud cuando no se cumplan los requisitos o no se presenten los anexos exigidos en la ley y ordena completar o aclarar los documentos exigidos dentro de los diez días siguientes a su notificación.

b. Admisión y contestación de la solicitud. Admitida la solicitud, se ordena la notificación al congresista y al Ministerio Público, con lo que se da inicio al proceso judicial. Una vez notificado, tiene tres días hábiles para referirse por escrito a la solicitud y en ese momento puede aportar o solicitar pruebas.
c. Práctica de pruebas. Al día hábil siguiente, el magistrado decretará las pruebas pertinentes, las cuales deberán practicarse dentro del término de tres días hábiles. Indicará también la fecha y hora de la audiencia pública, que se cumplirá en los dos días siguientes.
d. Audiencia pública. A ella asiste el Consejo de Estado en pleno y es presidida por el magistrado ponente.

   Las partes intervienen una sola vez, por el tiempo que fije quien la preside, y en el siguiente orden: 1) El solicitante o su apoderado; 2) el Ministerio Público; 3) el Congresista y su apoderado. Al terminar, pueden presentar un resumen escrito.

e. Registro del proyecto de sentencia. El ponente deberá registrar el proyecto de fallo dentro de los dos días hábiles siguientes y citará al Consejo de Estado, Sala Plena de lo Contencioso Administrativo, para estudiar y discutir la ponencia. La decisión se tomará por mayoría de votos, de los miembros de dicha sala, o sea, doce de veintitrés consejeros. Se admite la publicación de las posiciones disidentes.
f. Ejecutoria. Una vez en firme la sentencia, es decir, transcurrido el término de ejecutoria, se comunicará a la mesa directiva de la Cámara correspondiente, al Consejo Nacional Electoral y al Ministerio del Interior y de Justicia. Las sentencias en estos procesos producen efectos de cosa juzgada.
g. Recursos. El fallo no es apelable porque el proceso es de única instancia, pero es susceptible del recurso extraordinario especial de revisión ante el mismo Consejo de Estado, el cual debe interponerse dentro de los cinco años siguientes a la ejecutoria la sentencia, por las causales establecidas en el artículo 188 del Código Contencioso Administrativo, para cualquier proceso contencioso, por falta del debido proceso y por violación del derecho de defensa; dos causales amplias que permiten desestimar prácticamente cualquier vicio.

Efectos

Al concluir un proceso de pérdida de investidura el Consejo de Estado puede denegar la solicitud, caso en el cual el congresista no puede volver a ser juzgado por los mismos hechos, o puede conceder la solicitud, evento en el cual decreta la pérdida de investidura.

La desinvestidura tiene efectos severos. En el caso de los congresistas sucede lo siguiente. Primero, el congresista no puede continuar ejerciendo para el período en que fue elegido. Asume la curul el siguiente miembro integrante de la lista a la cual pertenecía. Segundo, el ex congresista desinvestido jamás podrá volver a ser miembro del Congreso, en virtud de una inhabilidad constitucional expresa (Art. 179, num. 4). Tercero, el desinvestido nunca podrá ser presidente de la República ni vicepresidente de la República, también por prohibición constitucional (arts. 197 y 204).

Además de estos efectos constitucionales, la ley ha desarrollado la Constitución para agregar unos efectos semejantes respecto de otros cargos de elección popular, de tal manera que el desinvestido no puede ser gobernador, diputado, alcalde ni concejal (Ley 617 de 2000, arts. 30, 33, 37 y 40, respectivamente)

Sin embargo, el desinvestido puede ser nombrado para un cargo importante. Así ocurrió durante la administración del presidente Álvaro Uribe (2002-2010), quien designó a un ex congresista desinvestido y reconocidamente eficiente, Luis Alfonso Hoyos, como director de la Red de Solidaridad Nacional de la Presidencia de la República, y luego lo designó representante permanente de Colombia ante la Organización de Estados Americanos (OEA), cargo que ocupa hasta la fecha (octubre de 2011). También se puede mencionar el caso de Edgar Perea, quien se desempeñó como embajador ante la República de Suráfrica.

Así descritas las características generales de la institución de la pérdida de investidura, ahora se hará el análisis de la causal de violación del régimen de conflicto de intereses. Primero, se mirará el concepto legal y jurisprudencial de esta causal. Segundo, se sintetizará la jurisprudencia del Consejo de Estado y se describirán las hipótesis en que este ha tenido que resolver solicitudes de pérdida de investidura de congresistas. Tercero, se hará un estudio semejante de una modalidad especial de conflicto de intereses que en nuestro sistema jurídico está consagrada como una causal diferente denominada incompatibilidades y que apunta a evitar que la investidura de congresista sea ejercida por una persona que simultáneamente tiene un cargo o empleo público o privado. Después se hará una evaluación del funcionamiento de la institución, con énfasis en la causal fundada en el conflicto de intereses. En esta sección se incluirán algunos datos estadísticos ilustrativos de su eficacia. Finalmente, se indicarán las principales implicaciones de la institución, así como las lecciones de la experiencia colombiana.

Breve referencia al derecho comparado

Para ubicar el origen y los alcances del deber de declarar un conflicto de intereses, resulta pertinente hacer una breve referencia a las experiencias de otras democracias, en especial la británica.

Gran Bretaña

En el Derecho comparado, el país donde empezó a funcionar la figura del conflicto de intereses fue Gran Bretaña. En efecto, desde mayo de 1974 la Cámara de los Comunes acordó, en una resolución, que en cualquier debate o procedimiento de la Cámara o de sus Comités o en las conversaciones de un miembro con otros, con ministros o con servidores de la Corona, este deberá revelar cualquier interés pecuniario "relevante" o beneficio de cualquier naturaleza, sea directo o indirecto, que haya tenido, tenga o espere tener. Este será declarado en el Registro de Intereses de los Miembros, el cual estará a disposición del público.[6]

Los legisladores deben revelar la existencia de un conflicto de interés potencial, aun así se les permite votar sobre la materia.

Por otra parte, sus miembros no pueden recibir pagos por hablar en la Cámara, votar, hacer preguntas parlamentarias, poner sobre la mesa mociones, presen-

---

6 Erskine May, *Parliamentary Practice,* London, Butterworth & Co., 1976, p. 1086.

tar una enmienda, ni solicitar a colegas o ministros que lo hagan.

La declaración de intereses

A partir de junio de 1975, la Cámara de los Comunes decidió dejar a discreción del propio miembro la definición de lo que es un interés pecuniario "relevante". A partir de entonces el parlamentario también es competente para decidir qué tantos detalles desea revelar en su declaración. En algunos casos solo es suficiente con llamar la atención sobre el hecho de haber inscrito el interés en el Registro de Intereses de los Miembros.

Un miembro generalmente declara sus intereses al principio de su intervención. Esta regla se aplica por igual no solo a los debates en la Cámara y en los Comités, sino a casi todos los procedimientos en los cuales tengan una oportunidad de hablar.

Sin embargo, lo anterior no es necesario cuando se hacen preguntas suplementarias o al poner sobre la mesa una moción o una enmienda; pero sí debe hacerlo cuando pregunta a un testigo en un comité selecto, sea este público o privado, también cuando haya deliberaciones en comités específicos. Estas declaraciones son grabadas y publicadas minutos antes del proceso. En la práctica, una sola declaración de un miembro al comienzo del proceso es suficiente y cobija las deliberaciones que se hagan con posterioridad sobre el mismo tema.

Cuando se realiza una votación en la Cámara o a nivel de un comité, y solo para ese propósito, la grabación del interés es considerada suficiente.

El registro de intereses

Existen nueve tipos de intereses que deben ser registrados: la remuneración como director de compañía pública o privada; el empleo remunerado; la profesión u oficio remunerados; los nombres de clientes cuando se relacionen de alguna manera con los intereses en juego en el Parlamento; el patrocinio financiero; las visitas al exterior cuando los costos no sean cubiertos por fondos públicos o del Parlamentario en su totalidad; los pagos o beneficios materiales provenientes de otros Gobiernos; la tierra y la propiedad de la cual deriven ingresos y los nombres de compañías en los cuales él o su familia sean accionistas. Lo que debe declararse es la fuente de la remuneración, no la cantidad recibida.

Los intereses mencionados se registran en un formulario que se envía al comienzo de cada legislatura. El miembro debe llenarlo y devolverlo en cuatro semanas. Luego, este será publicado. Además, existe un comité especial para que examine la compilación, el mantenimiento y el acceso al Registro de Intereses de los miembros. Dicho comité debe reportar cualquier queja al respecto.

Cuando exista una diferencia entre los miembros, o con el registrador sobre un interés que debe ser registrado, el Comité Especial deberá decidirlo. Si resuelve que es lo adecuado, lo comunicará al parlamentario, pero si este último se opone, informará a la Cámara y hará una recomendación al respecto. La decisión final la toma la Cámara de los Comunes.

Un ciudadano también puede alegar que un miembro está en deuda de inscribir un interés, para lo cual debe enviar su queja al registrador, quien decide si existe suficiente evidencia o no para continuar el proceso. En caso afirmativo, procederá a enviarla a la Cámara para que tome la decisión final.

Otros países con tradición democrática

A continuación se resaltan los aspectos básicos del régimen de conflicto de intereses en otros Estados con tradición democrática, solo para indicar si existe y qué tipo de interés debe ser declarado.[7] En Alemania, los miembros deben revelar cualquier conflicto de intereses que tengan en materia legislativa; una vez divulgado, pueden participar en las deliberaciones. En Francia, los miembros deben evitar cualquier conflicto de intereses o influencia indebida durante su mandato. En Canadá, los miembros no pueden votar asuntos en que tengan un interés pecuniario. En Suecia, los miembros del Parlamento no pueden deliberar sobre asuntos relacionados

---

[7] National Democratic Institute for International Affaires, "Legislative Ethics: A Comparative Analysis", *Legislative Research Series*, paper 4, 1999, p. 6.

con personas con las que tengan un vínculo personal estrecho.

En España, los miembros del Congreso no pueden invocar su cargo cuando realicen actividades comerciales, industriales o profesionales. En Estados Unidos se prohíbe a los miembros o empleados de la Cámara de Representantes recibir compensaciones o beneficios sin importar su procedencia, pues, de hacerlo, incurrirían en una influencia indebida en virtud de su cargo.

La desinvestidura

La información disponible tiende a mostrar que Colombia es un caso excepcionalísimo en cuanto a que un ciudadano pueda directamente y sin filtros previos acudir a un juez para solicitarle que declare que un congresista debe perder su investidura.

En algunos países de América Latina se admite la pérdida de investidura o del mandato, pero se confía esa decisión al propio Congreso, especialmente a la Cámara correspondiente. Además, los ciudadanos no pueden directamente y sin filtros desencadenar un proceso de desinvestidura del congresista. La Constitución más explícita al respecto es la de Brasil, la cual indica que la "pérdida del mandato" es decidida por la respectiva Cámara a la que pertenezca el parlamentario, mediante voto secreto y por mayoría absoluta de sus miembros, a instancia de la respectiva mesa directiva o de algún partido político representado en el Congreso.

Concepto legal y jurisprudencial de "conflicto de intereses": casos principales

La Constitución de 1991 emplea expresamente la noción de "conflicto de intereses" en varios artículos, entre los cuales se destacan el 182 y el 183. No obstante, la Constitución no definió dicho concepto, por lo cual el legislador se ha ocupado de hacerlo. La jurisprudencia del Consejo de Estado ha partido de la definición adoptada por el propio Congreso y la ha desarrollado como se verá posteriormente.

Definición de la causal "conflicto de intereses"

Definición legal

Las leyes que han desarrollado el concepto de conflicto de intereses limitan el alcance de esta causal de pérdida de investidura. Primero, exigen un *interés directo*, criterio interpretado por la jurisprudencia en sentido estricto. Segundo, requieren que el interés particular sea de unos *sujetos específicos enumerados* en la propia ley, entre los cuales se encuentran el congresista, sus socios y familiares cercanos.[1] El conflicto de intereses también se puede presentar para los congresistas que durante el año inmediatamente anterior a su elección, hayan prestado servicios remunerados a gremios o personas de derecho privado sobre cuyos intereses o negocios incidan directamente en actos que se encuentren al estudio del Congreso.[2]

---

[1] "Artículo 286, Ley 5 de 1992 (Reglamento del Congreso).- Aplicación. Todo Congresista, cuando exista interés directo en la decisión porque le afecte de alguna manera, o a su cónyuge o compañero o compañera permanente, o a alguno de sus parientes dentro del cuarto grado de consanguinidad o segundo de afinidad o primero civil, o a su socio o socios de derecho o de hecho, deberá declararse impedido de participar en los debates o votaciones respectivas".

[2] "Artículo 16, Ley 144 de 1994. Conflicto de intereses. Definición: Los Congresistas que dentro del año inmediatamente anterior a su elección hayan prestado servicios remunerados a gremios o personas de derecho privado sobre cuyos intereses o negocios incidan directamente actos que se encuentren al estudio del Congreso, de-

Todos los casos analizados en este documento han sido decididos a partir de esta definición legal. No obstante, en 2002 se expidió el nuevo Código Disciplinario Único (Ley 734 de 2002) el cual contiene una norma especial sobre los conflictos de intereses aplicables a todo servidor público, cuyo alcance es mayor. En efecto, el artículo 40 de dicha ley emplea nociones más amplias y concluye con un inciso que sienta una regla general consistente en que "cuando el interés general, propio de la función pública, entre en conflicto con un interés particular y directo del servidor público, deberá declararse impedido".

Definición jurisprudencial

El Consejo de Estado ha sentado un criterio común de interpretación de las normas legales que desarrollaron la noción de "conflicto de intereses" de los congresistas en los siguientes términos:

> Son pues las disposiciones contenidas en la Ley 5.ª de 1992, citadas anteriormente y la consagrada en el artículo 16 de la Ley 144 de 1994, las que ha expedido el legislador para desarrollar el mandato constitucional del artículo 182, por lo que tales normas, entendidas de conformidad con los preceptos

berán comunicarlo por escrito a la Mesa Directiva de la respectiva Corporación para que decida si los Congresistas aludidos deben abstenerse de participar en el trámite y votación de dichos actos".

> constitucionales, son las que han de gobernar, de una parte, el deber que se le impone al congresista para declararse impedido cuando se encuentre en alguna de las situaciones previstas en las disposiciones de rango constitucional y legal, y de otra, la sanción por violación a dicho régimen, cuando teniendo interés directo en una decisión que debe tomar la corporación a la cual pertenece, porque lo afecte de alguna manera, no lo exprese y no se declare impedido.[3]

Según el Consejo de Estado, la Constitución y la ley al sancionar el conflicto de intereses no exigen que el interés particular vaya en contravía del interés general. Basta la coexistencia de intereses y que el interés particular no sea declarado oportunamente por el congresista. Lo que se busca es preservar la imparcialidad del congresista. No se pretende impedir que este tenga intereses particulares. Sin embargo, este criterio jurisprudencial, aparentemente más gravoso para el congresista, fue sentado en un caso en el cual se denegó la solicitud de pérdida de investidura de un congresista que ignoraba que podía tener un interés particular coexistente con el interés general promovido por el proyecto de ley en cuya aprobación participó. Dijo el Consejo:

---

[3] República de Colombia, Consejo de Estado, Radicación núm. 11001-03-15-000-2002-0446-01(PI-043), C.P. Ana Margarita Olaya Forero, demandado: Juan Fernando Cristo Bustos, 27 de agosto de 2002.

> Ese interés directo, para que genere el conflicto, fuera de tener que estar acreditado de modo indubitable no necesariamente tiene que ser contrario al interés general prescrito en el artículo 133 de la Carta Fundamental, en cuanto dispone que los miembros de los cuerpos colegiados de elección directa "(...) deberán actuar consultando la justicia y el bien común (...)". Para configurar la causal de pérdida de la investidura de congresista basta que la participación en el debate y la votación en cualquiera de esos actos genere o represente algún interés directo del congresista, de sus parientes más próximos o de sus socios, con virtualidad suficiente para afectar la imparcialidad que aquél debe obrar en ejercicio de su investidura. Incluso ese interés puede coincidir con el interés general, pues lo que el instituto busca preservar es la imparcialidad de quien participa en la discusión y aprobación del proyecto.[4]

Las expresiones que emplea el Consejo de Estado para calificar un interés como directo son "personal", "particular", "sin intermediación alguna" y otras semejantes que refuerzan el carácter restrictivo del requisito. Al respecto, esta alta Corporación ha dicho que "para que el interés sea directo debe surgir de los extremos de

---

4 República de Colombia, Consejo de Estado, Radicación núm. AC-3301, C de E. C.P. Amado Gutiérrez V. demandado: José Guerra de la Espriella, 16 abril de 1996.

la relación que se plantea a través de la decisión que haya de tomarse con respecto a los proyectos de la ley, sin intermediación alguna".[5]

El Consejo de Estado ha advertido sobre este tema que:

> En el proceso de formación de la normatividad jurídica a través de las leyes que expida el congreso, habrá conflicto de intereses cuando la actuación del congresista está influida por su propio interés, de manera que éste se enfrenta a las obligaciones propias de su investidura, que le imponen proceder, consultando la justicia y el bien común, lo que excluye cualquier influencia o prevalencia de su interés particular sobre los intereses generales de la comunidad.[6]

En ese orden de ideas, no es directo el interés que puede tener el congresista en su condición de habitante del territorio colombiano y destinatario general de las leyes en cuya formación participa. Así, una norma general sobre declaración de renta en una ley tributaria no es suficiente para despertar un interés personal particular.

---

[5] República de Colombia, Consejo de Estado, Radicación núm. AC-1433. C.P. Diego Younes, demandado: Gabriel Acosta Bendek, 4 de agosto de 1994.

[6] República de Colombia, Consejo de Estado, Radicación núm. AC-1499, C.P. Delio Gómez Leyva, demandado: Fuad Char, 26 de agosto de 1994.

Tipos de intereses

El Consejo de Estado también ha sostenido que es posible distinguir entre dos tipos de interés: el económico y el moral. El fundamento de esta distinción es el texto del artículo 182 de la Carta.

El interés económico no ha sido objeto de controversia. Su existencia es apreciada a partir de hechos objetivos que podrían llegar a traducirse en un incremento o disminución eventual del patrimonio del congresista, o de los sujetos específicamente señalados en las normas que definen los conflictos de intereses, como los familiares cercanos o los socios de derecho o de hecho.

En cambio, respecto del interés moral se ha presentado un debate entre los magistrados acerca de si la norma constitucional puede aplicarse directamente ante la falta de una definición legal específica de este tipo de interés.[7] Lo anterior no es posible para algunos, ya que "deben existir reglas claras, expresas y escritas, para que el congresista identifique y manifieste esa clase de limitaciones o de impedimentos".[8]

---

7 Aclaración de voto de Carlos Orjuela Góngora. República de Colombia, Consejo de Estado, Radicación núm. AC-7087, C.P. Ricardo Hoyos Duque, demandado: Carlina Rodríguez Rodríguez, 4 de mayo de 1999.

8 Salvamento de voto de Carlos Arturo Orjuela Góngora. República de Colombia, Consejo de Estado, Radicación núm. AC-5371, C.P. Clara Forero de Castro, demandado: Rafael Humberto Alfonso Acosta, 10 de marzo de 1998.

Sin embargo, la tesis mayoritaria del Consejo de Estado ha sostenido que dicho vacío es tan solo aparente porque tanto la Constitución como la ley abordan de manera genérica el tema del conflicto de orden moral en los artículos 182 y 183 de la Constitución Nacional, 286 y siguientes de la Ley 5.ª de 1992 y 16 de la Ley 144 de 1994, sin que la ausencia de un catálogo específico de conductas éticas prohibidas impida que el Consejo de Estado aplique las normas generales sobre el tema.[9] Al respecto ha dicho que es inadmisible el argumento de que solo en la medida en que el legislador tipifique unas prohibiciones de carácter ético podría deducirse el impedimento moral. "Esto último equivaldría a aceptar que en materia de conflicto de interés de los Congresistas impera la ética de que todo está permitido".[10] Por lo demás, los conflictos de tipo moral "no son susceptibles de regularse de manera concreta y particular, toda vez que, sólo la persona en su fuero interno y en su conciencia puede saber cuándo está interesada moralmente en una decisión legislativa".[11]

---

[9] República de Colombia, Consejo de Estado, Radicación núm. AC-3300, C.P. Joaquín Barreto, demandado: Gustavo Espinosa Jaramillo, 19 de marzo de 1996.

[10] Ibídem.

[11] República de Colombia, Consejo de Estado, Expediente núm. AC-3214, C.P. Miren de la Lombana de Magyaroff, demandado: Heyne Sorge Mogollón Montoya, 6 de febrero de 1996.

La jurisprudencia no ha debatido en extenso si la constatación de la existencia de un conflicto de intereses es meramente objetiva o si, por el contrario, requiere de la demostración de un elemento subjetivo, como el conocimiento acerca de la potencialidad del conflicto o un ánimo de beneficiar a un familiar o socio. Sin embargo, como se verá, en algunos casos el elemento subjetivo es considerado relevante, pero no determinante.

Efectos de la existencia de un conflicto de interés: deberes y prohibiciones

¿Qué ocurre cuando se presenta una situación económica o moral de conflicto de intereses? Surgen deberes y prohibiciones para el congresista.

El primer deber consiste en declarar el interés particular y en explicar por qué este compromete la imparcialidad del congresista. En palabras del Consejo de Estado, "el conflicto de intereses, independientemente del caso que se origine (económico o moral) en cuanto prive al congresista de la imparcialidad necesaria para tramitar un asunto de su competencia, debe ser declarado; y cuando ello no sucede, se ha previsto el mecanismo de la recusación, para poner de manifiesto la existencia del impedimento, como lo dispone el Art. 294 de la Ley 5.ª de 1992". El segundo es el deber de separarse de la actividad correspondiente, en caso de que el interés declarado sea aceptado como incompatible con el ejercicio *imparcial* de su función de representación en una corporación legislativa.

El primer deber sólo surge de la existencia de una situación real de conflicto. Por eso, si un congresista no manifiesta el conflicto declarado por otro congresista en la misma sesión y sobre el mismo tema, pero manifiesta acogerse a lo que decida la subcomisión parlamentaria que estudie si realmente existe el conflicto invocado, no viola ese deber.[12]

La prohibición que se deriva de la existencia de un conflicto de intereses consiste en abstenerse de participar en la actividad parlamentaria correspondiente. Se viola dicha prohibición con la mera participación en el debate o en la votación, sin que importe si realmente el congresista obtuvo provecho para sí o para alguno de los sujetos enunciados en las normas legales anteriormente citadas mediante el logro de un resultado, como puede ser la aprobación del proyecto. El Consejo ha sido reiterativo en advertir que

> es importante señalar que la existencia de un interés no es en sí mismo censurable, pues a nadie escapa el hecho de que los miembros del Congreso, dado el mandato que les fue conferido por sus electores, ten-

[12] República de Colombia, Consejo de Estado, Radicación núm. 11001-03-15-000-2002-0446-01(PI-043), C.P. Ana Margarita Olaya Forero, demandado: Juan Fernando Cristo, 27 de agosto de 2002. El conflicto había sido declarado por la senadora Claudia Blum y fue rechazado por el Senado después de oír el informe de la subcomisión creada para el efecto.

> gan siempre un interés al hacer las leyes. Pero lo reprochable y lo que determina un tratamiento legal, es que el congresista cuando participa en una decisión de su competencia, (está siempre presente el interés), derive un beneficio personal y particular y no cumpla con la obligación que se le impone, de declararse impedido para participar en el asunto. Se trata pues de una razón que torna parcial al Congresista y que lo inhabilita para participar y votar en el proceso legislativo con la ecuanimidad, la ponderación y el desinterés que la actividad congresal le impone. Es de resaltar que en este caso no tiene importancia para que se configure el impedimento, el resultado de los debates o de las votaciones.[13]

De lo anterior se deduce que la interpretación de la noción "conflicto de intereses" prohijada por el Consejo de Estado obedece a una visión de lo que es la función de representación. Si bien el Consejo de Estado reconoce que es legítimo que el congresista represente los intereses de los electores, entiende que existen fines superiores que han de orientar su actividad, los cuales son incompatibles con intereses particulares.

El origen de esa visión de la función de representación política se remonta a los orígenes mismos del constitucionalismo en Colombia que en esa materia no ha

---

[13] Ídem.

incorporado plenamente la concepción realista de la actividad parlamentaria como inevitablemente vinculada a intereses en una sociedad diversa, en la tradición liberal.

A pesar de cambios importantes en el texto de la Constitución de 1991 sobre el concepto de representación política y sobre la responsabilidad parlamentaria, en el texto de la Constitución subsiste el mandato de que los congresistas deben "actuar consultando la justicia y el bien común", según el artículo 133 de la Constitución. Esta visión responde a la llamada tradición republicana, influyente entre nosotros por la vía de la filosofía tomista, que confía en que el representante tendrá la virtud suficiente para defender el interés general por encima de los intereses de las facciones en que se divide la sociedad y los grupos de interés asociados a tales facciones.

No se profundiza en las diferencias entre estas tradiciones de la filosofía política por no ser necesario para los propósitos de este documento.[14]

---

[14] Al respecto se puede consultar: Robert A. Dahl, *A Preface to Democratic Theory*, Chicago, University of Chicago Press, 1956. Stephen Mulhall & Adam Swift, *Liberals & Communitarians*, Blackwell Publishers, 1992. Cass R. Sunstein, *The Partial Constitution*, Cambridge, Harvard University Press, 1994.

Análisis de la jurisprudencia del Consejo de Estado frente a diversas hipótesis de conflicto de intereses

A partir de estas premisas, el Consejo de Estado tramitó hasta 2004 ochenta y ocho procesos de pérdida de investidura por violación del régimen de conflicto de intereses.[1] Sin embargo, no todos ellos han concluido en una sentencia. Como se aprecia en el cuadro de demandas presentadas según diferentes causales de la institución, doce solicitudes no fueron siquiera tramita-

[1] Es necesario aclarar que cuando la desinvestidura fue decretada por una causal diferente, el proceso fue clasificado en dicha causal así también se hubiere invocado y denegado la causal de violación del régimen de conflictos de intereses, como en el caso del congresista Álvaro Araujo Noguera.

das, generalmente por errores protuberantes de técnica en su presentación. Buena parte de las solicitudes han sido denegadas (setenta y una). Este elevado número se explica porque cuarenta de las cincuenta y un demandas de pérdida de investidura que se presentaron en el año 2000, a raíz de una propuesta de referendo que revocaba el mandato del Congreso, fueron denegadas por las razones que se resumen posteriormente. Ello fue la respuesta a un escándalo de corrupción que comprometió a la mesa directiva de la Cámara. En cinco casos el Consejo ha decretado la pérdida de investidura por la causal de violación del régimen de conflicto de intereses.[2] Estos cinco casos representan el 5,6% del total de ochenta y ocho procesos por esta causal y el 12% del total de cuarenta y un pérdidas de investiduras decretas por las diversas causales. Por eso, aunque esta es la causal que se ha invocado con mayor frecuencia, no ha sido la más exitosa desde el punto de vista meramente cuantitativo. En el período 2004-2011 solamente se decretaron dos casos de pérdida de investidura por conflicto de intereses.

---

[2] Lista de senadores y representantes que perdieron su investidura por esta causal: Rafael Humberto Alfonso Acosta, Oscar Celio Jiménez Tamayo, Gustavo Espinosa Jaramillo, César Pérez García, Francisco José Jattin, Alirio Villamizar Afanador y Luis Felipe Barrios. No se incluyen los congresistas que perdieron su investidura por otra causal a pesar de que en el proceso el demandante hubiera invocado la violación del régimen de conflictos de intereses, como sucedió en el caso de Álvaro Araujo Noguera ya mencionado.

Tres causales de pérdida de investidura han dado lugar a fallos adversos a los congresistas demandados: indebida destinación de recursos públicos (catorce desinvestiduras), violación del régimen de incompatibilidades (diez desinvestiduras) y violación del régimen de inhabilidades (diez desinvestiduras). No obstante, sí se incluye la violación del régimen de incompatibilidades como una modalidad específica de conflicto de intereses, puesto que prohíbe la coexistencia de una actividad que entra en conflicto con la investidura de congresista; entonces, la violación del régimen de conflictos de intereses, entendida en sentido amplio, es la causal que ha conducido al mayor número de sentencias en que se ha decretado la pérdida de investidura (diecisiete desinvestiduras) durante los veinte años (1991-2011). En el período 2004-2011 hubo cinco pérdidas de investidura por inhabilidades, una por fraude, una por celebración de contratos y dos por malversación de fondos.

Síntesis de los eventos en los cuales el Consejo de Estado considera que se configura o que no se configura la pérdida de investidura

Respecto del conflicto de intereses, de la jurisprudencia se pueden deducir reglas que, si bien no han sido formuladas por el Consejo de Estado, constituyen la razón determinante de las sentencias analizadas. Tales reglas se resumen en dos principios generales. El primero: que para que se declare la violación del régimen de conflicto de intereses se debe demostrar que el congresista (i) sabía de la existencia del conflicto entre el interés particular y el interés general, (ii) el interés particular consiste en un beneficio específico que recaería directamente sobre el congresista, sus familiares cercanos o sus socios, y (iii) el congresista participa en el debate correspondiente, usualmente relativo a la formación de una ley. Si no se dan estos tres requisitos concurrentes, no se viola la Constitución y el congresista no pierde la investidura.

El segundo: que no se configura la causal consistente en violar el régimen de conflicto de intereses por (i) el solo hecho de tener intereses privados de orden moral o económico, (ii) no inscribirlos oportunamente en el libro de registro de intereses, o (iii) participar activamente en el trámite de una ley respecto de la cual el congresista se encuentra igualmente situado que los demás colombianos de tal manera que se confunde con ellos frente a una regulación general, impersonal y abstracta, como sucede en materia tributaria, para los eventuales conflictos de orden económico, o en materia de desarrollo de un derecho constitucional, para los supuestos conflictos de orden moral. Estos principios básicos se pueden concretar en varias reglas jurisprudenciales.

En cuanto a los conflictos de intereses de orden moral, se concluye que estos pueden surgir de situaciones penales, disciplinarias, religiosas, políticas o de otra naturaleza. Las reglas concretas son las siguientes:

Si se configura un conflicto de orden moral: cuando el congresista sabe que está siendo investigado penalmente por la comisión de un delito, conoce el objeto de la investigación y participa votando en el trámite de la ley que lo podría beneficiar en el proceso penal correspondiente, lo cual se presenta con diferentes variantes:

a) En cuanto al conocimiento, la causal se configura cuando el congresista ha sido vinculado formalmente al proceso mediante el llamamiento a rendir indagatoria, o cuando de las circunstancias del caso se deduce que aun antes de la vinculación el congresista sabía con precisión cuál era el delito por el cual se le investiga.
b) En cuanto a la materia del proyecto de ley en cuyo trámite participa el congresista, la casual se configura cuando es de la misma materia penal o cuando a pesar de versar sobre una materia diferente su efecto incidiría de manera clara en el proceso por el cual se le investiga.
c) En cuanto al trámite, la causal se configura tanto en el evento en que el proyecto sea aprobado como cuando no lo sea.

No se configura el conflicto de orden moral:

a) Cuando no sabe que está siendo investigado penalmente y participa en la aprobación de una ley que podría beneficiarlo.

b) Cuando sabe que está siendo investigado penalmente, pero desconoce el delito específico por el cual se le sigue el proceso.
c) Cuando sabe que está siendo investigado penalmente y adopta una posición adversa al proyecto que podría beneficiarlo.
d) Cuando participa en la elección de un alto funcionario sin tener otro interés diferente a cumplir su función, y no espera recompensa política por su voto.
e) Cuando él o sus familiares o socios presentan acciones contra la nación para defender sus intereses como cualquier otro ciudadano.
f) Cuando no se declare impedido para participar en el trámite de una ley de referendo que, aunque afecta su permanencia en el cargo, tiene un alcance general.
g) Cuando no registre sus intereses privados en el libro respectivo.
h) Cuando no se pruebe un interés particular.

Por otra parte, en cuanto a los conflictos de intereses *de orden económico,* se deduce que estos no tienen que traducirse en un incremento patrimonial y, por tanto, no es necesario demostrar dicho incremento. Basta que la decisión a tomar por el congresista tenga la intención clara de representar un beneficio económico para que la causal por este tipo de conflicto se vuelva relevante. Las reglas concretas son las siguientes:

Sí se configura un conflicto de orden económico: cuando el congresista participa en la tramitación de un proyecto de ley que favorece económicamente a una persona jurídica no pública, de la cual él es socio y directivo, de tal forma que él también deriva un beneficio directo y específico.

No se configura un conflicto de orden económico:

a) Cuando participa en una ley de reforma tributaria que afecta por igual a todos los miembros de la sociedad.
b) Cuando siendo agricultor recibe subsidios del Estado asignados a ese sector.
c) Cuando siendo socio de una empresa participa en el debate y votación de una ley que modifica el régimen jurídico de esta, si hay ausencia de beneficio específico y directo.
d) Cuando no inscribe su situación económica oportunamente en el libro de registro de intereses.
e) Cuando la ley o reforma constitucional en cuyo trámite participó eventualmente podría beneficiar a quienes financiaron su campaña electoral.
f) Cuando es miembro de una corporación con patrimonio independiente al suyo, ya que no se beneficia de manera directa por participar en el trámite de un proyecto de ley que podría favorecer a dicha corporación.

A continuación se resumen las hipótesis de conflicto de intereses de congresistas que se consideran más importantes y se indica la decisión adoptada por el Consejo de Estado, así como las razones principales esgrimidas por la alta corporación judicial.

Hipótesis consistente en participar en el trámite de una ley que incide directa y específicamente en los intereses económicos del congresista (subsidio)

Fue el primer caso en el cual el Consejo de Estado decretó la pérdida de investidura por violación del régimen de conflicto de intereses y es el único en el cual la ha decretado por un conflicto de orden económico. En la demanda, el actor alegó que el congresista había violado el régimen de conflicto de intereses pues participó en la sesión en que se aprobó la ley por la cual se organiza el servicio público de la educación superior cuando se encontraba impedido para ello, al ser miembro contribuyente y rector de la Universidad Cooperativa de Colombia. En dicha ley se establecía, además, que el 50% de los recursos serían destinados a "universidades cooperativas",[3] siendo la más grande la del congresista demandado.

---

[3] Para dar cumplimiento a los objetivos de educación cooperativa establecidos en la Ley 79 de 1988, a partir del 1.° de enero de 1993, "por lo menos la mitad de los recursos previstos para edu-

En este caso, el Consejo de Estado consideró que, al no haberse declarado impedido en el debate, el congresista violó el régimen de conflicto de intereses, incurriendo así en la causal de pérdida de investidura. En efecto, de las pruebas se dedujo que el congresista tenía interés directo, particular y concreto, como miembro contribuyente de la Universidad, dado que la ley la beneficiaba como institución de economía solidaria de educación superior. Al respecto, la sala dice que "ese interés es particular y concreto por cuanto en la calidad de miembro contribuyente (...) podía participar en la toma de decisiones referentes a la destinación de los beneficios obtenidos y de los servicios que surgieran de los mismos".[4] El congresista desinvertido, César Pérez García, había sido presidente de la Cámara de Representantes a finales de los años ochenta.

En otro caso similar, se demandó a un congresista por participar y votar proyectos de ley que podrían afectar favorablemente sus negocios, al ser miembro de

---

cación en el artículo 54 de la Ley, deben ser invertidos en programas académicos de Educación Superior, ofrecidos por instituciones de economía solidaria de Educación Superior autorizados legalmente". El artículo 54 de la Ley 79 de 1988, por su parte, prevé que de los excedentes que resultaren del ejercicio anual de las cooperativas se aplicarán en un 20% como mínimo para el fondo de educación.

[4] República de Colombia, Consejo de Estado, Radicación núm. AC-796, C.P.: Ernesto Rafael Ariza, demandado: César Pérez García, 20 de enero de 1994.

la junta directiva de una corporación universitaria. Sin embargo, el Consejo de Estado denegó la petición porque en este caso la corporación es una persona jurídica distinta a sus miembros, ya que de acuerdo con los estatutos de la corporación, sus bienes "son de su exclusiva propiedad y no podrán confundirse con el de personas o entidades fundadoras". Es claro entonces que, dadas las anteriores circunstancias, sería difícil tener un interés directo sobre algo que no es propio. Podría decirse que hay una responsabilidad disciplinaria, pero no alegar que se debe ordenar una pérdida de investidura.[5]

Hipótesis consistente en participar en el trámite de un proyecto de ley del cual se pueden derivar beneficios económicos generales para un grupo de personas indeterminado dentro del cual se encuentra el congresista

En otro caso, un senador fue demandado por participar en el trámite del proyecto de ley de reforma tributaria y especialmente por haber influido en la modificación de un artículo relativo a la exoneración del impuesto de timbre con que se grava la constitución y la cancelación de las hipotecas sobre inmuebles. Al ser el

---

[5] República de Colombia, Consejo de Estado, Radicación núm. AC-1433, C.P. Diego Younes Moreno, demandado: Gabriel Acosta Bendek, 4 de agosto 1994.

demandado un constructor, actividad que ejerce a través sociedades familiares de las que es socio mayoritario, debió, según el demandante, declararse impedido moral y económicamente.

El Consejo de Estado negó la pérdida de investidura por considerar que proyectos como el de la reforma tributaria pueden "afectar de alguna manera"[6] a todos los congresistas, "pero si esa incidencia natural de las leyes elaboradas y dictadas por ellos mismos pudiera calificarse como causal de impedimento y, lo que es más grave, como causal de pérdida de investidura, la labor parlamentaria resultaría imposible. En consecuencia, por ser absurda debe desecharse la interpretación que conduzca a tal resultado".[7]

Hipótesis en la cual un congresista vota un proyecto de ley que regula una materia de la cual podría derivar un beneficio moral

En este caso, se acusa a un congresista por no declararse moralmente impedido para participar en el trámite del proyecto de ley que regula el ejercicio de las funciones del Banco de la República e incorporar un

---

[6] República de Colombia, Consejo de Estado, Radicación núm. AC-1276, C.P. Jaime Abella Zárate, demandado: José L. Blackburn Cortés, 24 de marzo de 1994.

[7] Ibídem.

artículo que da un tratamiento preferencial al encaje, lo cual favorece a empresas financieras cuyos miembros son sus parientes.

El Consejo de Estado deniega esta demanda, pues estima que la determinación del encaje es una medida de carácter general que adopta la Junta Directiva del Banco de la República de acuerdo con el comportamiento de la economía y que no beneficia directamente a los establecimientos de crédito. De tal manera que, en una regulación de carácter general, "el interés particular no desempeña papel alguno, cuando el aspecto a regular depende de la decisión autónoma y discrecional de un tercero".[8]

Por lo demás, para el Consejo el texto de la ley técnicamente se mejoró, pues logra un mejor equilibrio al regular el encaje, lo que muestra que el congresista cumplió adecuadamente su función.

Hipótesis en la cual un congresista vota un proyecto de ley que regula una materia de la cual podría derivar un beneficio penal

Este tipo de conflicto de intereses es de orden moral, en la medida en que el interés del congresista

---

[8] República de Colombia, Radicación núm. AC-1499, C.P. Delio Gómez Leyva, demandado: Fuad Char Abdalá, 26 de julio de 1994.

no es pecuniario sino evitar una consecuencia que afectaría su prestigio, su imagen o sus derechos políticos. Se ha presentado cuando el congresista afronta un proceso penal en su contra y el contenido del proyecto de ley podría incidir de una manera favorable en el curso de la justicia. Las especificidades de cada caso y su significado político justifican detenerse en los principales procesos. Cabe resaltar que esta hipótesis ha llevado a que tres congresistas pierdan su investidura, lo cual la hace la más significativa dentro de la causal de violación del régimen de conflictos de intereses.

El llamado "proceso 8000" cubrió, a mediados de la década de los noventa, a muchos personajes de la vida pública colombiana, entre ellos a varios congresistas investigados y juzgados por la Sala Penal de la Corte Suprema de Justicia en virtud del fuero constitucional de los congresistas, que sustituyó en 1991 a la tradicional inmunidad parlamentaria. Las investigaciones penales versaron sobre varios tipos de delitos. Sin embargo, el más importante fue el delito de enriquecimiento ilícito, consistente en obtener un incremento patrimonial no justificado proveniente de actividades ilícitas. A medida que el proceso penal avanzaba en la Corte Suprema, creció el debate en torno a si el delito de enriquecimiento ilícito es autónomo, puesto que para su configuración no se requiere que haya sentencia penal previa que condene a una persona (por ejemplo al que hizo la donación en beneficio del investigado por enriquecimiento ilícito), o si, por el contrario, dicho delito es subordinado, puesto que depende de que haya una condena previa que demuestre que los dineros recibidos provenían de una actividad ilícita. La controversia era determinante porque para entonces no existía una sentencia penal condenando a los narcotraficantes que supuestamente habían donado dinero o de otro modo financiado a congresistas o a sus campañas. En medio de esa controversia se demandó ante la Corte Constitucional la norma penal que tipifica el delito de enriquecimiento ilícito. La Corte Constitucional la declaró ajustada a la Constitución. Sin embargo, en la parte motiva de la sentencia la Corte Constitucional incluyó un párrafo que sugería que el delito de enriquecimiento ilícito era subordinado, no autónomo.[9] Esta interpretación era contraria a la de la

---

9 En efecto, respecto de dicho delito se pronunció la Corte Constitucional (al declarar exequible el Decreto 2266 de 1991, por medio del cual se convirtieron en normas permanentes algunas disposiciones contenidas en decretos de Estado de sitio, entre ellas el artículo 1.º del Decreto 1895 de 1989) en los siguientes términos:

"Artículo 1.º El que de manera directa o por interpuesta persona obtenga para sí o para otro, incremento patrimonial no justificado, derivado en una u otra forma de actividades delictivas, incurrirá por ese solo hecho en prisión de cinco (5) a diez (10) años y multa equivalente al valor del incremento ilícito logrado".

La expresión 'de una u otra forma' debe entenderse como incremento patrimonial no justificado, derivado de actividades, en cualquier forma que se presenten éstas. Las actividades delictivas deben estar judicialmente declaradas, para no violar el debido proceso, y el artículo 248 de la Constitución Política, según el cual

Corte Suprema de Justicia, que había adoptado la tesis de la autonomía del delito de enriquecimiento ilícito y tradicionalmente se había rehusado a seguir la jurisprudencia de la Corte Constitucional. En ese contexto, mientras en el Congreso se tramitaba un proyecto de ley relativo a la seguridad y defensa nacionales, algunos senadores propusieron introducirle un artículo encaminado a darle fuerza obligatoria a algunos aspectos de la parte motiva de las sentencias de la Corte Constitucional.[10]

únicamente las condenas proferidas en sentencias judiciales en forma definitiva tiene la calidad de antecedentes penales y contravencionales en todos los órdenes legales. t. 3, Sentencia C-127, M.P. Alfonso Martínez Caballero, *Gaceta de la Corte Constitucional*, marzo de 1993, p. 203.

[10] Se trata del artículo adicional al Proyecto de la Ley 168 del Senado (1995), cuyo texto es el siguiente:

"La doctrina constitucional adoptada en la sentencia de la Corte Constitucional es criterio auxiliar de interpretación para las autoridades, excepto en los siguientes casos:

Primero, cuando dicten sentencias interpretativas, es decir, aquéllas que declaran la exequibilidad de una norma legal, condicionada a una determinada forma de interpretación.

Segundo, cuando la parte emotiva (sic) de la sentencia proferida por la Corte Constitucional guarde unidad indisoluble o relación directa o tenga el hecho (sic) causal con la parte resolutiva de la misma.

Tercero, en los casos de sentencias integradoras, es decir, cuando a falta de legislación adecuada para resolver un asunto concreto sometido a su competencia, el juez aplique directamente la norma constitucional. En estos tres casos la doctrina adoptada en la

Esto fue visto por algunos ciudadanos como un intento de obligar a la Corte Suprema de Justicia a seguir la tesis de la Corte Constitucional sobre enriquecimiento ilícito, lo cual le quitaría piso al "Proceso 8000", al menos en lo concerniente al enriquecimiento ilícito por recibir dinero proveniente de personas vinculadas notoriamente con el narcotráfico, pero no condenadas formalmente para ese entonces.[11]

De ahí que un congresista investigado por la Corte Suprema también haya sido demandado ante el Consejo de Estado por violar el régimen de conflicto de intereses en razón a que participó en el debate del proyecto de ley encaminado a darle fuerza vinculante a la jurisprudencia de la Corte Constitucional. En la demanda de pérdida de investidura, el demandante manifestó que el congresista había violado el régimen de conflicto de intereses "porque promovió y votó dicho proyecto de ley, uno de cuyos artículos tiene relación a los efectos de las sentencias de

---

providencia hace tránsito a cosa juzgada constitucional, obliga en su integridad y corrige la jurisprudencia. Su inobservancia es causal de mala conducta". *Gaceta del Congreso*, núm. 149, 20 de diciembre de 1995, p. 16.

[11] Ese artículo se conoció en el argot político como "narcomico" y su introducción en un proyecto que nada tenía que ver con el tema condujo a un debate en el cual intervino en el Senado el Fiscal General de la Nación de entonces, Alfonso Valdivieso, quien se opuso a su aprobación. La norma fue adoptada en el Senado por cincuenta y seis votos, pero negada en la Cámara de Representantes.

la Corte Constitucional, y con ese artículo se pretendía convertir el enriquecimiento ilícito en una conducta subalterna, lo cual traería consigo que este delito no existiría como tal cuando no estuviese previamente demostrado que el dinero que lo determina tiene origen en una actividad al margen de la ley"; es decir, desaparecería el 'enriquecimiento ilícito', y con ello trató de suspender el proceso que por enriquecimiento ilícito adelanta en su contra la Corte Suprema de Justicia.

El Consejo de Estado admitió que, en teoría, en este caso cabría hablar de conflicto de intereses moral, a pesar de que el proyecto nunca llegó a convertirse en ley de la República.[12] No obstante, para que este fuera debidamente probado era necesario que se demostrara que el

---

[12] Dijo el Consejo de Estado: "Conviene precisar que lo que genera la causal de pérdida de la investidura no es el hecho de que el proyecto de ley en cuya discusión y votación participó el congresista llegue a convertirse en ley. La causal se da, simplemente por el hecho de participar en la discusión o votación del proyecto o del artículo que genera el conflicto moral. El artículo 182 de la Carta Fundamental impone a los congresistas el deber de poner en conocimiento de la respectiva Cámara las situaciones de carácter moral o económico que los inhiban para participar en el trámite de los asuntos sometidos a su consideración (...)", simplemente. // Esta consideración se formula para descartar el argumento de la inocuidad de la conducta del congresista cuando el proyecto o artículo nuevo cuya discusión o votación genera el conflicto no alcanza a ser incorporado a la normatividad jurídica positiva, pues no es ese el aspecto que debe tomarse en cuenta como elemento material

congresista sabía que estaba siendo investigado por enriquecimiento ilícito. Aunque había sido llamado a rendir versión libre por la Corte Suprema (en septiembre), al congresista no se le había imputado específicamente este delito para el momento en que participó en el debate del proyecto de ley que lo beneficiaría (en diciembre). Por tanto, el congresista no sabía que el delito por el cual se le investigaba era el de enriquecimiento ilícito.[13] El Consejo de Estado arribó a esta conclusión después de pedir pruebas directamente a la Corte Suprema de Justicia sobre la evolución del proceso penal en contra del congresista, en las cuales esta Corte dijo que no podía afirmar que el congresista estuviera siendo investigado en el marco del "proceso 8000", así el delito, en esa etapa preliminar de la investigación, pareciera ser el de enriquecimiento ilícito.[14]

---

del conflicto sino la participación en el trámite de los asuntos de competencia de la respectiva Cámara.

[13] Dijo el Consejo: "Por no obrar prueba inequívoca de que al Senador Guerra de la Espriella se le investigaba por enriquecimiento ilícito de particulares y que él lo sabía, no incurrió en conflicto de intereses al dar su voto en favor del artículo nuevo tantas veces aludido y, consiguientemente, no prospera la pretensión de despojarlo de su investidura de congresista".

[14] Dijo el Consejo: "Entonces, no pudiendo la H. Corte aseverar si la aludida averiguación está o no desligada del llamado 'proceso ocho mil', pero sí que la adelanta por el posible delito de enriquecimiento ilícito descrito en el artículo 148 del Código

El Consejo de Estado llegó a la misma conclusión en otros casos,[15] dado que varios senadores de los cincuenta

---

Penal, no obstante que por encontrarse en Preliminares no se ha dado calificación siquiera provisional a la pretendida infracción, permite concluir que el doctor Guerra de la Espriella no podía abrigar al respecto la menor certeza y que el conocimiento que de esa averiguación tenía provenía del interrogatorio que se formuló al rendir el 19 de septiembre de 1995 la declaración libre por él mismo solicitada".

[15] República de Colombia, Consejo de Estado, Radicación núm. AC-3302, C.P. Amado Gutiérrez V., demandado: Armando Holguín Sarria, 5 de marzo de 1996. Concluyó el Consejo de Estado: "En el caso a examen se tiene que no obra prueba de que al Senador Holguín Sarria se le hubiera recibido antes del 13 de diciembre de 1995 versión preliminar en la investigación previa que se le abrió por auto de 26 de mayo de 1995, ni otra prueba que acredite inequívocamente que conocía de esa investigación por enriquecimiento ilícito por ende, procesalmente desconocía su finalidad y el contenido del acervo allí recaudado hasta esa fecha. Por informaciones obtenidas en otras fuentes –distintas de las jurisdiccionales– pudo enterarse que era objeto de investigación y confirió el poder a que alude el Oficio número 397 de 8 de febrero de 1996 de la honorable Corte Suprema". Lo mismo sostuvo el Consejo de Estado en el caso del senador Carlos Augusto Celis Gutiérrez, quien durante la campaña electoral para ser reelegido congresista se hospedó por cuenta de un financiador, luego identificado como Jefe del cartel de Cali por su contador Palomari. Pero en este caso agrego: "Y es que no puede perderse de vista que la doctrina de la Corte Constitucional, a la cual quiso dársele carácter obligatorio por medio del artículo cuestionado, como ya se dijo, estaba referida exclusivamente al hecho punible de enriquecimiento ilícito de particular (artículo 10 del Decreto 2266 de 1991) y no al de enriquecimiento ilícito

y seis que votaron el artículo sobre la fuerza vinculante de la jurisprudencia de la Corte Constitucional fueron demandados por un mismo ciudadano, al igual que algunos representantes a la Cámara (Emilio Sánchez Alsina).

Entre estos demandados se encontraba el senador Gustavo Espinosa Jaramillo, a quien el Consejo de Estado le decretó la pérdida de su investidura. En este caso, hubo hechos diferentes que para el Consejo fueron determinantes. Sobresalen dos: primero, que el senador lideraba un movimiento que recibió donaciones directas de una de las empresas de fachada del cartel de Cali (Export-Café), lo cual no solo fue conocido por el senador sino objeto de investigación cuatro meses antes de la votación del proyecto;[16] segundo, que el senador fue

---

de empleado oficial (artículo 148 del C.P), que constituye otro tipo penal, con sujeto activo, modalidad delictiva y consecuencias jurídicas diferentes de las de aquél". Lo mismo sucedió en el caso del senador Alberto Santofimio Botero, cuando concluyo: "En las anteriores condiciones probatorias, estima la Sala que, primero, frente al convencimiento del doctor Alberto Rafael Santofimio Botero de no encontrarse investigado por enriquecimiento ilícito de particulares, y, segundo, ante la insuficiencia de los elementos de convicción necesarios para acreditar que el aludido congresista conocía que era por dicho punible por el cual penalmente se lo investigaba, se impone concluir que las pretensiones de la demanda no pueden prosperar".

[16] República de Colombia, Consejo de Estado, Radicación núm. AC-3300, C.P. Joaquín Barreto Ruiz, demandado: Gustavo Espinosa Jaramillo, 12 de marzo de 1996. "Queda así demostrado

vinculado formalmente por el delito de enriquecimiento ilícito dos días antes de la fecha en que se votó el proyecto de ley, aunque la notificación de dicha vinculación se hizo efectiva un día después de la votación.[17]

El Consejo de Estado también decidió quitarle la investidura al senador Francisco José Jattin, por considerar que de acuerdo con las pruebas no quedaba duda de que el senador tenía conocimiento de que estaba siendo sujeto de investigación por enriquecimiento ilícito y que el artículo que votó afirmativamente ese día lo podía beneficiar directamente, porque al suprimirse la autonomía del tipo penal las diligencias que en su contra adelantaba la Corte Suprema de Justicia podrían cambiar significativamente su situación jurídica. En estas condiciones, el senador tenía el deber de poner en conocimiento del Senado su situación personal.[18]

---

que 'en el mes de julio de 1995' y por ende antes del 13 de diciembre del mismo año, el Senador Espinosa Jaramillo, tuvo conocimiento de que tales hechos estaban siendo objeto de investigación por parte de la Fiscalía, que como se anotó, fue la que envió las diligencias a la Sala Penal de la Corte".

[17] Ídem: "(...) si bien es cierto que con posterioridad al 13 de diciembre de 1995 pudo haber tenido conocimiento de su vinculación legal al proceso, también lo es que como se ha dicho en este proveído, tal vinculación no es indispensable para que se configure el conflicto de interés".

[18] República de Colombia, Consejo de Estado, Radicación núm. AC-3303, C.P. Dolly Pedraza de Arenas, demandado: Francisco José Jattin, 14 de mayo de 1996.

En sentido contrario, el Consejo de Estado denegó la solicitud de pérdida de investidura de un representante a la Cámara que, si bien estaba siendo investigado en etapa preliminar por enriquecimiento ilícito y no se declaró impedido al votar el proyecto de ley mencionado, adoptó una posición adversa al proyecto. Para el Consejo, el representante antepuso el interés general a su interés particular y, por tanto, no hubo conflicto de intereses.[19] A la misma conclusión se llegó en el caso de otro representante que no sabía que estaba siendo investigado penalmente y votó negativamente el proyecto.[20]

---

[19] República de Colombia, Consejo de Estado, C.P. Delio Gómez Leyva, demandado: Álvaro Benedetti Vargas, 4 de junio de 1996. "Para la Sala no se configuró la violación al régimen de conflicto de intereses con la conducta asumida por el representante Álvaro Benedetti Vargas, en la sesión de la Cámara de Representantes del 14 de diciembre de 1995, al no declararse impedido para participar en la discusión y en la votación del artículo adicional al Proyecto 129 de 1995 Cámara, 168 de 1995 Senado, pues a pesar de que con el mismo se traducía a términos legislativos jurisprudencia que en el evento de ser él vinculado a proceso por enriquecimiento ilícito de particular le favorecía, no lo votó favorablemente; en consecuencia, no se presentó violación al régimen de conflicto de intereses entre la situación particular del congresista y el contenido de la norma materia de aprobación, al expresar su voluntad mediante el voto negativo cumplió con las obligaciones propias de su investidura".

[20] República de Colombia, Consejo de Estado, Referencia núm. AC-3453, C.P. Jesús María Carrillo B., demandado: Tiberio Villarreal, 27 de mayo de 1996. "(...) porque aunque cursaban dili-

En otro caso diferente al del llamado *narcomico* en tiempos del "proceso 8000" se presentó un conflicto de intereses semejante. El demandante alegó que "el congresista violó el régimen de conflicto de intereses al participar en el debate y votar afirmativamente un proyecto de ley de extinción de dominio, pues existía en su contra un proceso penal por peculado, delito que se encontraba señalado en el proyecto como causal de extinción de dominio".[21] Además, el congresista votó una proposición sustitutiva de un artículo del proyecto que se refería a la retroactividad ilimitada de la ley de extinción de dominio, con la tesis de que la retroactividad debía ser relativa y aplicarse solamente a los bienes adquiridos con posterioridad a la entrada en vigencia de la Constitución de 1991, lo que le permitiría sanear su situación.

El Consejo de Estado concluyó que sí se infringió el régimen de conflicto de intereses y procedió a quitarle la investidura al congresista Rafael Humberto Alfonso Acosta, puesto que el proyecto de ley de extinción de

---

gencias previas en contra de Tiberio Villarreal para el 14 de diciembre ante la Corte Suprema de Justicia, éste no tuvo conocimiento, ni pudo tenerlo a pesar suyo respecto de la materia investigada, y porque en todo caso votó negativamente el artículo nuevo, no participó en el debate, ni promovió el texto que finalmente fue negado, del cual no está probado que fuera su autor, ni coautor".

[21] República de Colombia, Consejo de Estado, Referencia núm. AC-5371, C.P. Clara Forero de Castro, demandado: Rafael Humberto Alfonso Acosta, 10 de marzo de 1998.

dominio podía afectar la situación del congresista frente al proceso penal que se le venía adelantando por peculado por apropiación. En efecto, quedó plenamente probado que cuando se inició el trámite del proyecto de ley el demandado ya sabía de la existencia del proceso penal en su contra y por ello estaba en la obligación de declararse impedido para tramitar dicho proyecto, pero en lugar de hacerlo participó activamente en su trámite, suscribió una constancia apoyando la modificación del artículo relevante y votó favorablemente una proposición sustitutiva.

De acuerdo con el Consejo de Estado, existe conflicto de intereses así el texto final de la ley aprobada no beneficie al congresista, pues lo que importa es que la actuación durante el trámite haya sido "deliberada y premeditada", ya que "nada justifica el desconocimiento de obligaciones morales y la omisión de principios por parte de quien conscientemente oculta su situación conflictiva".[22] En efecto, la finalidad del régimen de conflicto de intereses es "garantizar que el trámite de adopción de las leyes sea transparente y que quienes intervienen en los debates o votaciones respectivos lo hagan con absoluta imparcialidad y esté alejada toda sospecha de que puedan utilizar su presencia en ellos en beneficio propio o de los terceros".[23]

---

22 Ibídem.

23 Ibídem.

Varios magistrados salvaron el voto por dos razones esenciales. La primera tiene que ver con el elemento subjetivo de la causal. Algunos estimaron que no se demostró que el peculado hubiera ocurrido con anterioridad a la entrada en vigencia de la Constitución de 1991, de manera que no se probó que su intención fuera favorecerse con la proposición sustitutiva ni con la tesis de la retroactividad relativa, sino que incluso pudo haberse perjudicado.[24] La segunda fue considerar que no se puede adelantar un juicio de esta naturaleza ante la falta de "reglas claras, expresas y escritas", para que el congresista pueda identificar y manifestar sus limitaciones o impedimentos de orden moral; menos aún cuando no se aplicaron garantías como el principio de la presunción de inocencia y el de la buena fe del demandado.[25]

El mismo tipo de conflicto se ha presentado entre una investigación disciplinaria y un proyecto de ley de Código Disciplinario Único.[26] En un caso se negó la pérdida de investidura porque el representante demandado nunca tuvo una noticia oficial y cierta acerca de

---

[24] Ibídem. Salvamento de voto del Magistrado Manuel S. Urueta, en sentencia contra Rafael Humberto Alfonso Acosta.

[25] Ibídem. Salvamento de voto del magistrado Carlos Arturo Orjuela Góngora en sentencia contra Rafael Humberto Alfonso Acosta.

[26] República de Colombia, Consejo de Estado, Radicación núm. AC-6289, C.P. Ernesto Rafael Ariza, demandado: Pedro Vicente López Nieto, 13 de octubre de 1998.

que en su contra se adelantaba un proceso de carácter disciplinario. En efecto, el Consejo de Estado ha reiterado que "uno de los aspectos determinantes para la configuración de la causal de violación del régimen de conflicto de intereses es el referente al conocimiento anticipado que hubiera tenido el congresista acerca de la existencia de un proceso en su contra, la incidencia en éste de un proyecto de ley y la intervención en la discusión y votación del referido proyecto por parte de dicho congresista".[27]

Hipótesis de elección de alto funcionario con miras a obtener en el futuro un beneficio para el congresista que lo apoyó y para sus amigos políticos

Esta hipótesis surgió a raíz del nombramiento de varios "amigos políticos"[28] de ciertos congresistas en la Defensoría del Pueblo.[29] En uno de los casos, los soli-

---

27 Ibídem.

28 Se entiende por amigos políticos personas que pertenecen al círculo del congresista, a su región de origen o de influencia política directa.

29 República de Colombia, Consejo de Estado, Radicación núm. AC-7087. C.P. Ricardo Hoyos D., demandado: Carlina Rodríguez Rodríguez, 4 de mayo de 1999. La causal fue planteada así: "Por otra parte, respecto del conflicto de intereses, se da cuando se antepone al interés general para favorecer y privilegiar el interés egoísta personal y privado, y ello ocurre cuando quien como Re-

citantes afirmaron que el congresista actuó "de manera repudiable política y jurídicamente (...) al ubicar sus cuotas en la Defensoría" luego de participar en la elección del Defensor del Pueblo, y de tramitar una adición presupuestal para dicha institución, lo que representa, según el demandante, un claro conflicto de intereses de orden moral.

El Consejo de Estado negó la pérdida de investidura en estos casos por considerar que no se establecieron todos los elementos necesarios para que se configurara el conflicto de intereses. La primera de las razones planteadas se refiere a la falta de pruebas en el proceso, pues son los demandantes quienes deben desvirtuar la presunción de inocencia que ampara al congresista. En efecto, no se demostró claramente el vínculo de amistad existente entre el congresista y los recomendados, ni se probó que el demandante hubiese recomendado o intervenido de alguna manera para que se contrataran defensores públicos. Tampoco es claro que actuó con un interés particular distinto al bien común,[30] o que estaba frente

presentante a la Cámara participó ora en la elección del Defensor del Pueblo y luego incidió en la selección de los candidatizables, promocionando a sus recomendados o referidos, particularmente cuando los mismos terminaron efectivamente enganchados por esa institución".

30 Ibídem. Caso Carlina Rodríguez. ("No existe prueba que demuestre que la misma tuvo algún interés particular en la aprobación de la ley, distinto al de cumplir sus deberes como congresista").

a una situación de carácter moral o económico que lo inhibiera de participar en el trámite del proyecto de ley.[31]

La segunda argumentación del Consejo de Estado señala que "al participar en la elección del Defensor del Pueblo, se ejerce una función propia del cargo que la misma Constitución establece, tanto como lo es participar en la aprobación del proyecto de ley de adición presupuestal, sin que por ese sólo hecho se configure el conflicto de intereses".[32] En este punto el Consejo aclara que para que efectivamente se configure esta causal no es suficiente ser miembro del congreso cuando se lleve a cabo la votación del proyecto de ley que se considera en conflicto. Se requiere que efectivamente el congresista esté presente y que además vote el proyecto de ley. Por último, el Consejo de Estado establece que no es posible invocar el conflicto de intereses pues los hechos en conflicto sucedieron con posterioridad al trámite de la Ley. [33]

---

31 República de Colombia, Consejo de Estado, Radicación núm. AC-7084. C.P. Silvio Escudero Castro, demandado: Juan José Chaux Mosquera, 27 de abril de 1999.

República de Colombia, Consejo de Estado, Radicación núm. AC-7090, C.P. Nicolás Pájaro Peñaranda, demandado: Jorge Humberto Mantilla Serrano, 29 de junio de 1999.

32 Sentencia AC-7083, C.P. Alberto Arango Mantilla, 1 de junio de 1999, demandado: Rodrigo Rivera Salazar.

33 Ídem.

Hipótesis relativa a la aprobación de una ley para beneficiar al departamento del cual el hermano del congresista es gobernador

El demandante alega que el congresista favoreció a su hermano, quien era gobernador del Vaupés, al participar en los debates y ser ponente de la Ley del Plan Nacional de Desarrollo, pues dicho departamento salió ampliamente favorecido por su aprobación. De acuerdo con la demanda, el congresista no informó previamente sobre esta situación ni se declaró impedido para aprobar la ley, incurriendo así en la causal de conflicto de intereses.

En este caso, el Consejo de Estado negó la solicitud de pérdida de investidura por considerar que la conducta del demandado no vulnera el ordenamiento jurídico sino que más bien demuestra el cumplimiento del deber que su cargo le impone de presentar ponencias, debatirlas y votarlas. En efecto, al no encontrar evidencias concretas de una relación directa entre el congresista y los fines o temas contenidos en la Ley del Plan, pues esta trataba "temas generales y abstractos dentro de un proyecto de origen gubernamental",[34] el Consejo consideró que debía prevalecer la presunción de buena fe.

---

[34] República de Colombia, Consejo de Estado, Radicación núm. AC-12262, C.P. Jesús María Carrillo B. demandado: Jorge Julián Silva Meche, 26 de febrero de 2001.

En cuanto al interés general, el Consejo de Estado precisa que se trata de un "concepto fundamental de la sociedad y del Estado y de un mandato supremo de la actividad pública que determina su finalidad y sirve de fundamento a su legitimidad", por lo que corresponde al juez administrativo no solo garantizarlo, sino "precisar la noción para diferenciarla del interés particular, concreto y directo (...)".[35]

Hipótesis en la cual una sociedad de la familia de un congresista contrata y recibe subsidios del Estado, e interpone una acción de grupo contra la nación

El demandante considera que el congresista debe perder su investidura, ya que la sociedad familiar de la cual es miembro no solo contrató a través de interpuesta persona con el ICA, sino que además recibió un subsidio del Ministerio de Agricultura como cultivador de algodón, e interpuso una acción de grupo ante el Tribunal Contencioso Administrativo mientras el demandado detentaba la calidad de congresista.

El Consejo de Estado desestima todos los cargos. Respecto al primero, considera que el contrato se produjo como consecuencia de una imposición legal de la cual no se podía sustraer el demandado, dado que el objeto

[35] Ibídem.

de la compañía de la cual es socio es la comercialización y el mercadeo del algodón.

En cuanto al subsidio que recibió la sociedad, el Consejo establece que el demandado, como agricultor que es, sí podía recibir los subsidios "en igualdad de condiciones con los demás agricultores".[36] Al respecto, aclara que si bien la dedicación del congresista es exclusiva, no puede "impedir al servidor el ejercicio de su vida civil, ni el cumplimiento de sus deberes familiares, ni su actuación en el campo privado y estricto de sus intereses particulares y familiares",[37] esto es el hecho de realizar actividades del ámbito rural, como pagar a sus trabajadores, sembrar o recoger la cosecha. Las restricciones a los congresistas "tienen fines precisos, los cuales no pueden distorsionarse, para limitar de manera absurda la vida civil de estos servidores públicos, y entender, por ello, de manera errónea, que por el hecho de ostentar tal calidad, ingresan en *capitis diminutio* que les impida administrar sus propios bienes o aquellos en los que tengan interés familiar".[38]

---

[36] República de Colombia, Consejo de Estado, Radicación núm. 11001-03-15-000-2001-0132-01(PI), C.P. Ana Margarita Olaya Forero, demandado: Julio Manzur Abdalá, 2 de octubre de 2001.

[37] Ibídem.

[38] Ibídem.

Respecto a la acción de grupo que instauró la sociedad contra la nación, el Consejo de Estado considera que dicha actuación no viola el régimen de conflicto de intereses porque el congresista o la sociedad de la cual es parte pueden reclamar sus derechos como cualquier otro ciudadano. Es decir que "por el hecho de ser un congresista no deja de ser una persona con la totalidad de los derechos y de las garantías que nuestra normatividad positiva establece, y esto lo faculta para interponer en nombre propio o en el de sus sociedades las acciones que considere convenientes sin ningún tipo de limitaciones".[39]

Hipótesis consistente en ser accionista de una empresa que será regulada por leyes votadas por el congresista

El conflicto de intereses alegado se presenta cuando el socio de una empresa, por ejemplo de servicios públicos domiciliarios, participa en el debate y en la votación de una ley que modifica el régimen de tales empresas sin haber registrado previamente su interés y sin declararse impedido.[40] El Consejo de Estado denegó

---

[39] Ibídem.

[40] La causal fue formulada en los siguientes términos: "d) Por consiguiente, como las leyes 142 y 143 de 1994, 226 de 1995 y 286 de 1996 hacen parte del régimen de los servicios públicos domiciliarios, y en particular del de energía eléctrica, la participa-

la solicitud de pérdida de investidura por varias razones, entre las cuales cabe destacar la tesis de la ausencia de "beneficio especifico", a pesar de que pueda derivarse un beneficio general e impersonal para todos los accionistas de tales empresas.[41] El Consejo de Estado también

---

ción del congresista acusado en el trámite y aprobación de las dos últimas leyes mencionadas en su condición de socio accionista de una empresa del sector, hizo que éste se beneficiara personalmente, y de una u otra forma también permitió que derivaran beneficio los otros accionistas particulares y las entidades del sector público que hacen parte de la asamblea general de accionistas.// e) Se presume que el Representante Lorenzo Rivera Hernández tan sólo aportó la declaración de bienes y rentas el 28 de diciembre de 1995, con el fin de esconder u ocultar su actividad como socio accionista de la empresa Electrificadora del Tolima S.A. ESP, sociedad ésta a la que se encuentra vinculado en tal condición desde (sic) el 1993, cuando legalmente debió presentar tal declaración dentro de los treinta días siguientes a su posesión como congresista, según lo dispone el artículo 288 de la ley 5ª de 1992".

[41] República de Colombia, Consejo de Estado, Radicación núm. 11001-03-15-000-2001-0130-01(PI), C.P. Germán Rodríguez Villamizar, demandado: Lorenzo Rivera Hernández, 20 de noviembre de 2001. Dijo el Consejo de Estado: "Ninguna de las dos leyes en cuestión reportaron o representan beneficio, utilidad o privilegio particular alguno al Representante Rivera Hernández, distinto al general previsto en ellas para todos sus destinatarios. El interés y beneficio de tales leyes, tanto desde el punto de vista estatal, económico, social y empresarial es de carácter impersonal, y en modo alguno sus normas derivaron o permitieron que el citado congresista percibiera un beneficio específico".

sostuvo que un congresista no pierde su investidura por no inscribir su situación económica oportunamente en el registro de intereses, aunque verificó que en el caso juzgado dicho registro no fue extemporáneo.[42] Finalmente, concluyó que la circunstancia de ser accionista y de haber sido representado por hermanos en órganos de la empresa es insuficiente para probar "cuál fue el predicado interés directo que le asistía al congresista para participar en el trámite de los mencionados proyectos de ley, ni la forma en que dicho interés hubiese tenido concreción material".

Hipótesis de participación en el trámite de una ley que incide directamente en la permanencia del congresista en su cargo

Se presentaron cincuenta y un casos, todos en el año 2000 con ocasión de la presentación por parte del

---

[42] Ídem: "Si bien en el artículo 288 de la ley 5ª de 1992 se señala un término para que el congresista cumpla con el deber de inscribir sus intereses privados en el registro, el cual corresponde a los treinta (30) primeros días del periodo constitucional o de los inmediatamente siguientes a la fecha de posesión en el cargo, el sólo incumplimiento de ese deber no tiene el alcance de configurar la causal de pérdida de investidura por violación del régimen de conflicto de intereses; para ello se requiere, además, que efectivamente el congresista haya igualmente omitido el deber de declararse impedido para conocer y participar en el trámite de un determinado proyecto o decisión, en el cual él o las personas relacionadas en el artículo 286 de esa misma ley tengan un interés directo y particular".

presidente Andrés Pastrana Arango de un proyecto de ley encaminado a convocar un referendo para reformar el sistema electoral, los parámetros constitucionales relativos a la financiación de la política, crear instituciones para luchar contra la corrupción y revocar el mandato del Congreso después de un escándalo de corrupción en la administración de recursos por la mesa directiva de la Cámara de Representantes.

El demandante alega que el congresista transgredió los artículos 183 de la Constitución y 286 de la Ley 5.ª de 1992, pues no se declaró impedido para participar en los debates o votaciones del referendo constitucional, aunque tenía interés directo en la decisión, ya que en él se disponía la convocatoria a elecciones de un nuevo Congreso, lo que en el argot político se denominó "revocatoria del congreso". De acuerdo con la demanda, los congresistas debieron declararse impedidos por tratarse de una decisión cuyo contenido y efectos repercutían de manera directa en cada uno de los congresistas·

El Consejo de Estado negó la solicitud de pérdida de investidura por considerar que el deber de declararse impedido es "aparente", pues sólo el Congreso, de acuerdo con la Constitución, podía aprobar el referendo.[43] En efecto, el Consejo consideró que la "colisión

---

[43] De acuerdo con la aclaración de voto de un magistrado, en las reformas constitucionales, no hay lugar al conflicto de intereses como causal de pérdida de investidura del congresista, porque, por

de deberes", entre el deber de declarar el impedimento y el deber de dar trámite a la iniciativa del Gobierno, tiene que resolverse por este último, pues se trata de un atributo indelegable. "Ello quiere decir que la omisión que se censura se encuentra justificada, es decir, que es lícita".[44]

Hipótesis relativa a la aprobación de una ley que podría traerle un beneficio a su iglesia o congregación religiosa

En esta hipótesis, se demanda a una representante por violar el régimen de conflicto de intereses, pues fue la autora del proyecto de ley estatutaria "sobre la libertad religiosa", participó en los debates y no se declaró impedida durante su trámite, a pesar –según el alegato del demandante– del beneficio que recibirían tanto ella, miembro del Movimiento Unión Cristiana, como su esposo, alto directivo y pastor de la citada Iglesia.

Al respecto, el Consejo de Estado observó que la ley estatutaria mencionada no favorece a una Iglesia "determinada", ni a sus pastores o creyentes. Por el con-

---

un lado, no hay mecanismos que permitan sustituirlo y, por otro, "porque no se trata de examinar –para su calificación– el interés de los congresistas, pues estas siempre se producen con la intervención del Congreso".

[44] República de Colombia, Consejo de Estado, Radicación núm. AC-11116, C.P. Mario Alario Méndez, demandado: Gustavo Ramos Arjona, 17 de octubre de 2000.

trario, desarrollar el derecho constitucional fundamental de libertad religiosa le interesa a cualquier persona sin discriminación alguna, y el beneficio que de ello se deriva es de carácter "general, impersonal y abstracto".[45] En consecuencia, sin violar el régimen de conflicto de intereses de orden moral religioso, la representante obró de acuerdo con la función que corresponde al Congreso de la República.

Hipótesis relativa a las fuentes de financiación de la campaña del congresista

El demandante alegó que, al presentar un proyecto y al participar en su tramitación, el congresista buscó favorecer a personas, empresas o grupos económicos que contribuyeron a financiar su campaña electoral mediante la cual obtuvo la investidura parlamentaria.

El Consejo de Estado denegó esta acción de pérdida de investidura con el argumento de que la ley que definió la noción de "conflicto de intereses" no incluyó expresamente esta hipótesis. En efecto, el Consejo de Estado ha concluido que un eventual beneficio para el financiador de la campaña electoral del congresista no

---

[45] República de Colombia, Consejo de Estado, Radicación núm. AC-1675, C.P. Ernesto Rafael Ariza, demandado: Vivianne Morales Hoyos, 23 de agosto de 1994.

reúne los requisitos anteriormente mencionados,[46] lo

---

[46] El demandante alegó que el conflicto de intereses surgió de la presentación de un proyecto relativo a la abolición o reforma de la Comisión Nacional de Televisión que regula a las dos cadenas de televisión más grandes del país (RCN y Caracol), las cuales hicieron aportes a la campaña electoral del congresista. La sentencia del Consejo de Estado resumió los hechos más relevantes así: "12- Señala que prueba del interés particular del Senador Cristo de intervenir a favor de los operadores del servicio de televisión, en especial de los canales de operación privada del nivel nacional (RCN-Caracol) se evidenció en el trámite del proyecto de ley mediante el cual se modificaban las leyes 182 de 1995 y 335 de 1996 y que concluyó con la expedición de la Ley 680 de agosto de 2001. // 13.- Que en dicho proyecto, el Senador Cristo pretendió incluir una modificación altamente beneficiosa a favor de los concesionarios de televisión de operación privada del nivel nacional (RCN-Caracol) que consistía en disminuir sustancialmente el porcentaje del 1.5% de la facturación bruta anual que éstos deben pagar a la Comisión Nacional de Televisión para el fortalecimiento de la televisión pública, conforme a lo establecido en el parágrafo 2° del artículo 16 de la Ley 335 de 1996. En efecto, el proyecto pretendía reducir el aludido porcentaje del 1.5% sin ninguna justificación al 1.0%, afortunadamente, dice, para el patrimonio del Estado, tal iniciativa no prosperó. // 14.- Expresa que como si lo anterior no fuera suficiente, el Senador Cristo pretendía en el mismo proyecto, garantizarle a los mismos concesionarios (sus benefactores) una prórroga de sus contratos de concesión de 10 años, sin necesidad de que se pagaran derechos adicionales a favor del Estado. Que es importante advertir que para la época en que se tramitó este proyecto de ley, el senador Cristo había recibido para la financiación de su campaña la suma de $12.899.738 del Canal Caracol S.A. // 15.- Argumenta el demandante que la presentación del proyecto de acto legislativo, su

cual ha sido calificado por algunos magistrados como un "imperdonable vacío" del legislador.[47]

El Consejo de Estado ha aceptado que de la financiación de la campaña puede derivarse un conflicto de intereses pero con un alcance limitado a los sujetos

---

participación en las deliberaciones y votaciones frente a su inusitado y marcado interés por sacarlo avante, constituye un impedimento moral, al buscar favorecer con el mismo, los intereses de los grupos económicos que apoyaron su campaña electoral y que son socios o dueños de concesionarios del servicio de televisión, empresas que actualmente son vigiladas, inspeccionadas y controladas por la Comisión Nacional de Televisión. // 16.- Que el hecho de haber recibido el Senador Cristo Bustos favores económicos de terceros para financiar sus campañas políticas, logrando acceder gracias a ello a la dignidad parlamentaria, comprometió su imparcialidad y objetividad para resolver aquellos asuntos que afectaran o favorecieran a sus benefactores (Caracol y RCN)".

[47] "Nada dice de los acreedores o de quienes financiaron la Campaña del Congresista, la cual constituye un imperdonable vacío porque precisamente una de las razones por las que el Congreso ha perdido gran parte de su credibilidad es precisamente la de convertirse en instrumento de los grandes grupos de presión, los cuales resultan beneficiados legislativamente por la gestión de los congresistas quienes retribuyen las millonarias donaciones con la expedición de leyes que favorecen sus intereses. Por ese camino termina desvirtuándose la representación popular, convirtiéndose el Congreso en un simple instrumento de los intereses particulares quedando el bien común desplazado por los intereses de tal o cual grupo económico, social, político, gremial o similares". Aclaración de voto de Alejandro Ordóñez Maldonado, en el caso de Juan Fernando Cristo B.

enunciados en las normas legales citadas (familiares y socios), lo cual circunscribe la hipótesis a unas circunstancias reducidas y precisas.[48] Además, cuando la ley replantea de manera general una política del sector (i. e. la televisión) dentro del cual se inscriben los aportantes a la campaña del congresista (i. e. cadenas privadas de televisión), no se presenta un conflicto de intereses;[49] también fue considerada determinante la ausencia de prueba en torno a que la finalidad del proyecto en lugar de ser general habría sido beneficiar a un financiador en provecho particular del congresista.

---

[48] Dijo la sentencia antes citada: "Además, para la Sala el conflicto de intereses no se presenta sólo en el caso de las donaciones de particulares, pues también puede presentarse en el otorgamiento de créditos, bien sea éstos concedidos por personas naturales, jurídicas o instituciones financieras. Disiente la Sala en este punto con el concepto del señor Procurador Delegado ante esta Corporación, ya que si bien es cierto que no es lo mismo recibir una donación que tener un crédito, el ánimo del Congresista puede verse afectado y comprometida su imparcialidad en uno y otro caso, si al tramitar un proyecto de ley o participar en el debate y en la votación, sólo busca derivar un beneficio personal y particular, para su cónyuge, o alguno de sus parientes dentro del cuarto grado de consanguinidad, segundo de afinidad o primero civil, o algún socio suyo, de derecho o de hecho".

[49] República de Colombia, Consejo de Estado, Radicación núm. 11001-03-15-000-2002-0446-01(PI-043), C.P. Ana Margarita Olaya, demandado: Juan Fernando Cristo Bustos, 27 de agosto de 2002.

Análisis de la jurisprudencia sobre incompatibilidades como una causal específica de conflicto de intereses

En la sección anterior se analizó la jurisprudencia sobre la causal de pérdida de la investidura denominada por la Constitución "violación del régimen de conflicto de intereses". No obstante, la propia Constitución previó una causal específica de pérdida de investidura para una de las tantas manifestaciones de un conflicto de intereses: la concurrencia de una actividad privada con la investidura de congresista. En efecto, la Constitución prohíbe a los congresistas "desempeñar cargo o empleo público o privado" (art. 180, num. 1). Esta es una de las varias "incompatibilidades" establecidas en la Constitución y cuya violación es causal de pérdida de investidura (art. 183, num. 1). Por su importancia, se sintetizará la jurisprudencia del Consejo de Estado sobre sus alcances y sus limitaciones. A la luz del problema de la corrupción, lo más relevante es la incompatibilidad entre un cargo o empleo privado y la investidura de congresista, sin que ello signifique que los casos en que se estudió la incompatibilidad con un cargo o empleo público sean intrascendentes.[1]

---

[1] Los dos casos más recientes y sonados sobre la incompatibilidad con un cargo público fueron los relativos a la designación presidencial de dos senadores como integrantes del grupo de negociadores con la organización subversiva FARC-EP durante el gobierno del presidente Andrés Pastrana Arango. En el primer caso el Consejo de Estado denegó la solicitud de pérdida de investidura del senador Fabio Valencia Cossio, para entonces Presidente del Congreso. (Sentencia de 13 de febrero de 2001, C.P.: Germán Rodríguez Villamizar; AC-11946; salvamentos de voto de los consejeros Alejandro Ordóñez Maldonado, Ricardo Hoyos Duque y Alier Hernández Enríquez, quienes consideraron que la labor desempeñada por el senador sí era incompatible con su investidura). No se reúnen los requisitos de la incompatibilidad con un cargo público cuando el desempeño de una dignidad o misión no contempla funciones de carácter permanente, ni tiene asignada una remuneración, ni se encuentra prevista como parte de las funciones asociadas a cargos dentro de la estructura de la administración. Para el Consejo de Estado no "se encuentra acreditado en el expediente, que durante el tiempo en el que el Senador Valencia Cossio ejerciera, simultáneamente, la investidura de congresista y el cumplimiento de la misión especial que le fuera encomendada (...) [haya dejado] de cumplir con las funciones ordinarias como miembro del Parlamento, como por ejemplo, la asistencia a las sesiones de las Comisiones y de la Plenaria de esa Corporación". El Consejo de Estado no

Las incompatibilidades de los congresistas han sido definidas en sentido amplio por la ley como "todos los actos que no pueden realizar o ejecutar los congresistas durante el período de ejercicio de la función" (Ley 5.ª de 1992, art. 281). La jurisprudencia constitucional ha señalado que esta causal de pérdida de investidura está estrechamente vinculada con la de violación del régimen de conflicto de intereses. Por ejemplo, en la Sentencia C-134 de 1999 (M.P. Alfredo Beltrán Sierra), cuando la Corte Constitucional declaró exequible la norma del Reglamento del Congreso (art. 38 de la Ley 5.ª de 1992) que permite a los congresistas desempeñarse temporalmente como secretarios *ad-hoc*, se indicó que:

> Cuando las incompatibilidades tengan como función primordial preservar la dignidad del servidor público en el ejercicio de sus funciones, impidiéndole ejercer simultáneamente actividades o cargos que eventualmente pueden llegar a entorpecer el normal

---

advirtió que: "El deber de trabajar y adelantar acciones dirigidas a la consecución de la paz sea extraño o ajeno a las funciones, a la misión y deberes del Congreso de la República, considerado éste tanto en su conjunto como también a nivel de cada uno de sus integrantes. En el segundo fallo denegó la solicitud de pérdida de investidura del senador Juan Gabriel Uribe Vegalara (Sentencia de 13 de febrero de 2001 C.P.: Roberto Medina López; AC-11947; con los mismos salvamentos de voto). El Consejo agrego que los negociadores con las FARC carecían de mando o poder de decisión.

desarrollo de su gestión pública, en detrimento y perjuicio del interés general y de los principios que orientan la función pública.

Así pues, en el caso concreto de los congresistas, las incompatibilidades constituyen una pieza fundamental dentro del ordenamiento de la Rama Legislativa, pues a través de ellas, se establece con precisión la diferencia existente, entre el interés público, al cual sirve el congresista, y su interés privado o personal. Por ello, el Constituyente de 1991, en su sabiduría, consagró la prohibición contenida en el artículo 180-1.

En este sentido, es pertinente citar nuevamente el Informe-Ponencia para primer debate en la plenaria de la Asamblea Constituyente, en el cual se manifestó lo siguiente, 'La condición de parlamentario da a las personas que la ostentan una excepcional capacidad de influencia sobre quienes manejan dineros del Estado y en general sobre quienes deciden los asuntos públicos, que establece condiciones inequitativas de competencia con el común de las gentes amen que puede llevar a la corrupción general del sector público, porque la rama del poder que debe ser en últimas la responsable de la fiscalización, se compromete con los sujetos de esa fiscalización.

El Consejo de Estado ha distinguido entre las nociones de empleo y cargo, y al hacerlo ha resaltado que la finalidad de esta causal de pérdida de la investidura es impedir que el interés particular del congresista, o del empleador para el cual trabaje, choque con el interés general que el congresista debe defender como servidor público. Ha anotado que:

> Ambas denominaciones, cargo y empleo, tienen por lo menos dos connotaciones que son relevantes en frente de la disposición constitucional en estudio; la primera, la de vínculo laboral; y la segunda, la de dignidad, tarea o encargo. En tratándose de la primera, estaremos en presencia de un contrato de trabajo o de una relación legal y reglamentaria, o de derecho público; y en lo que hace con la segunda, ante una persona que no tiene una relación laboral, pero que por la importancia o trascendencia de la dignidad o encargo que se le ha confiado podría verse abocada a tomar partido en una u otra dirección; y por ende, a comprometer los intereses de ese ente u organismo, y eventualmente, los suyos propios. (...) Sin embargo, podría tener una dignidad, tarea o encargo con entes del sector privado, en tanto no se vea afectada su tarea como congresista, ni comprometida su responsabilidad enfrente del pueblo que lo eligió, por manera que pudiese terminar defendiendo o representado, al mismo tiempo, intereses privados

y los públicos propios de su calidad de vocero popular.[2]

En los debates en la Asamblea Nacional Constituyente se advirtió que excluir a los congresistas de las actividades de carácter privado representaba un avance frente a la Constitución de 1886. El 25 de abril de 1991, en la Comisión 3.ª, la ponencia sobre el llamado "estatuto del congresista" resaltó el sentido de esa innovación:

> Este régimen de incompatibilidades se desarrolla prohibiendo, primero que el Congresista pueda desarrollar cualquier cargo o empleo público o privado; aquí en relación con la Constitución actual hay dos novedades sustanciales: la primera, que introduce la prohibición a cargos privados; hoy día no existe y un congresista puede perfectamente desempeñarse como dirigente gremial, como presidente de una empresa, etc.[3]

---

[2] República de Colombia, Consejo de Estado, Sala Plena de lo Contencioso Administrativo, Sentencia AC-1351, C.P.: Carlos Arturo Orjuela Góngora, 22 de marzo de 1994.

[3] Biblioteca del Palacio de Justicia. Antecedentes del artículo 180 de la Constitución Política. Mimeo. Fuente: Presidencia de la República, Consejería para el desarrollo de la Asamblea Nacional Constituyente, p. 5.

Por tanto, la incompatibilidad con un empleo o cargo privado no solo preserva el tiempo del congresista, sino ante todo busca evitar que el congresista aproveche su investidura para obtener ventajas o privilegios, bien sea para sí mismo o para terceros. Esta finalidad ha orientado al Consejo de Estado en el momento de interpretar los alcances y las limitaciones de la incompatibilidad señalada. El Consejo ha dicho sobre este criterio orientador de la jurisprudencia,

> Si bien en los distintos pronunciamientos emitidos sobre el particular, se observan algunas diferencias, entre otras razones, por supuesto, por la especificidad de los presupuestos fácticos de los casos objeto de juzgamiento, en ellos aparece como elemento común, el criterio según el cual, la causal de pérdida de investidura relativa al desempeño de cargo o empleo público o privado, persigue garantizar la dedicación exclusiva del congresista al ejercicio de sus funciones, y evitar que éste asuma o se coloque en una posición o situación tal, que le permita, propicie o facilite, hacer tráfico de influencias u obtener privilegios.[4]

---

[4] República de Colombia, Consejo de Estado, Referencia núm. AC-11946, C.P. Germán Rodríguez Villamizar, demandado: Fabio Valencia Cossio, 13 de febrero de 2001. En este caso se negó la solicitud de pérdida de la investidura del senador Fabio Valencia Cossio por haber sido designado por el presidente de la República para participar en los diálogos con la guerrilla.

Por consiguiente, esta causal cumple una función preventiva, lo cual explica, como se dijo anteriormente sobre el conflicto de intereses, que basta con establecer que se den los supuestos fácticos de la causal sin que sea necesario entrar a determinar si, en efecto, la situación llevó o no a que se constatara un perjuicio o beneficio.

El resumen de la jurisprudencia contencioso administrativa se concentrará en los principales casos en que se ha acusado a un congresista de haber desempeñado un "cargo o empleo privado".[5] Se seguirá la diferencia entre empleo y cargo anteriormente señalada.

---

[5] En el seno del Consejo de Estado se han presentado divergencias en cuanto al criterio para determinar cuándo se configura esta causal. Algunos estiman que solo se debe decretar la pérdida de investidura cuando se pruebe que existía una relación jurídica formal para actuar en un cargo y en efecto se desarrollaron actos en ejercicio de este. Otros consideran que no es determinante que no exista vínculo jurídico formal alguno, que no se reciba remuneración o que el congresista no haya actuado en horas laborales; para ellos lo determinante es la situación real consistente en haber desempeñado cargo o empleo privado. No se resumirán las posiciones individuales de cada consejero de Estado. Tan solo se advierte que la posición realista no es necesariamente la menos estricta, puesto que un congresista sin contrato o remuneración con una entidad privada puede llegar a perder su investidura, como sucedió en el caso del senador Edgar Perea, por ser locutor deportivo.

Hipótesis de empleo privado incompatible con la investidura de congresista

Esta hipótesis se presenta cuando el congresista no tiene un vínculo formal con un empleador privado ni ocupa una posición de representación de intereses privados, pero realiza una actividad que podría haberle sido encomendada o encargada por un empleador o asociación privada. El caso más sonado es el de un famoso locutor deportivo que fue elegido senador, quien después de tomar posesión continuó transmitiendo eventos deportivos de especial trascendencia nacional, como partidos de fútbol de la selección Colombia. El Consejo de Estado estimó que se llenaban los requisitos de la causal de pérdida de investidura[6] porque "(...) simultáneamente con su desempeño en el Senado, prestó sus servicios como locutor y comentarista deportivo por la radio y la televisión, ejerció el oficio que desde años

6 Cabe anotar que la Corte Constitucional seleccionó para revisión un fallo de tutela contra la sentencia del Consejo de Estado que desinvirtió al senador Edgar Perea, quien a pesar de estar inhabilitado para ejercer cargos públicos de elección popular se postuló a la alcaldía de Barranquilla para las elecciones del 26 de octubre de 2003. La Corte no se ha pronunciado sobre esta tutela, aunque rechazó en el 2001 otra por improcedente, dado que el senador no había agotado las vías judiciales ordinarias antes de acudir a la acción de tutela, en especial el recurso extraordinario especial de revisión contra las sentencias de pérdida de investidura.

atrás ha tenido, el cual se ubica, en el campo privado (...)".[7] El Consejo de Estado valoró qué tanto se había involucrado en la actividad privada puesto que el senador había presentado noticias deportivas por televisión en cuarenta y dos emisiones diferentes y había narrado cincuenta y ocho partidos de fútbol durante los años 1999 y 2000.

Hipótesis de cargo privado incompatible con la investidura de congresista

Esta hipótesis se presenta cuando el congresista ocupa un cargo claramente identificado dentro de una persona jurídica privada o cuando asume una responsabilidad privada como persona natural. El caso más notorio de pérdida de investidura por esta incompatibilidad fue uno de los primeros fallados por el Consejo de Es-

---

[7] Sentencia de julio 18 de 2000, AC-10203, C.P.: Nicolás Pájaro Peñaranda. El Consejo de Estado resolvió declarar la pérdida de investidura al senador Edgar Perea. Los consejeros Mario Alargo Méndez, Manuel Santiago Urueta Ayola, Julio E. Correa Restrepo, Germán Ayala Mantilla, Alberto Arango Mantilla, Alier E. Hernández Enríquez, Daniel Manrique Guzmán, Carlos Arturo Orejuela Góngora y Germán Rodríguez Villamizar salvaron su voto por considerar que no existe la incompatibilidad de desempeñar cargo o empleo público privado cuando no media el vínculo jurídico, no hay dependencia con una empresa y no hay remuneración por su trabajo.

tado. Se trataba de un senador que desempeñaba formal y materialmente el cargo de representante legal de una persona jurídica en el momento de posesionarse. Para el Consejo de Estado bastaba la coincidencia entre los dos cargos, así no hubiera prueba de gestiones de orden privado dentro del objeto de la sociedad comercial.[8] Luego, sin aplicar una doctrina tan drástica, el Consejo decretó la perdida de investidura de un senador que también era representante legal de una persona jurídica y que tan sólo un semestre después de posesionarse como congresista renunció a dicho cargo privado.[9] En otro caso en que se decretó la pérdida de investidura, el congresista no solo era el representante legal de una asociación, sino que giraba los auxilios educativos con los fondos de la misma asociación.[10] En el mismo sentido se pronunció el

---

[8] República de Colombia, Consejo de Estado, Referencia núm. AC-632, C.P. Miguel Viana Patiño, demandado: Álvaro Araujo Noguera, 1 de diciembre de 1993. En este caso el cargo por violación del régimen de conflicto de intereses no prosperó, ya que el Consejo dijo que la mera omisión de inscribir en el libro de registro su interés privado, sin participar en un debate parlamentario donde dicho interés pudiera ser relevante, no era una causal de pérdida de investidura.

[9] Caso del senador Ricaurte Losada Valderrama, Sentencia de 7 de septiembre de 1994, C.P. Dolly Pedraza de Arenas.

[10] Caso del representante Jairo José Ruiz Medina, Sentencia de 1 de octubre de 1993, AC- 534, C.P. Carlos Betancur Jaramillo.

Consejo en el caso de un senador que también era rector y representante legal de una universidad.[11]

El Consejo de Estado ha estudiado muchos casos relativos a esta hipótesis. De la jurisprudencia se deduce que la incompatibilidad entre ocupar un cargo privado y ser congresista no es tan tajante como parecería indicarlo el texto constitucional ni los casos mencionados. En efecto, el Consejo de Estado ha admitido varias excepciones que pueden clasificarse en tres grupos.

Excepciones en razón de una actividad meramente personal sin trascendencia pública

El consejo concluyó que no es incompatible con la investidura de congresista ser curador, ni actuar en nombre de su pupilo en aquellos asuntos y diligencias que se requiera. Para el Consejo, esta actividad privada era realizada en las mismas condiciones que cualquiera otra persona y se circunscribía al ámbito privado.[12]

---

[11] Caso del senador José Ramón Navarro Mojica, Sentencia AC-500, C.P.: Dolly Pedraza de Arenas, 5 de octubre de 1993.

[12] República de Colombia, Consejo de Estado, Referencia núm. AC-12050, C.P. Jesús María Ballesteros, demandado: Julio César Guerra Tulena, 20 de marzo de 2001. En este caso el Consejo de Estado resolvió denegar la pretensión de pérdida de investidura del senador de la República Julio César Guerra Tulena. Al respecto señalo: "Es absurdo pensar que quien ostenta la condición de Congresista, por este hecho y para no entrar en contradicción con

Excepciones relativas a la vinculación a personas jurídicas cuando ello no afecta la investidura de congresista

El Consejo de Estado ha identificado cargos privados que no inciden en la posición ni en el desempeño del congresista, y ha admitido que un congresista puede ser miembro de una junta directiva, cuando ello no afecte el desempeño congresional.

En el caso, el Consejo tuvo en cuenta que la junta se reunía esporádicamente para cumplir sus funciones, y que el congresista no utilizó su investidura como tal para favorecer los negocios o actividades de la sociedad.[13] En

---

la ley, que regula su actividad, estuviere limitado por ejemplo para ejercer la Curaduría del pupilo cuando le haya sido discernido el encargo, o para ejercer oposiciones en diligencias judiciales, donde en igualdad de condiciones con otros ciudadanos defienda sus intereses propios, o aun excepcionalmente los de un tercero ausente actuando como agente oficioso, o los de su hijo en ejercicio de la potestad parental, o de los de su sociedad conyugal como integrante de ésta, constituyendo apoderados para el efecto". El Consejero Tarcisio Cáceres Toro salvó su voto, entre otras razones, porque consideró que algunas de las acciones realizadas por el senador sí constituían un encargo privado.

[13] República de Colombia, Consejo de Estado, Referencia núm. AC-1351, C.P. Carlos Arturo Orjuela Góngora, demandado: Julio César Guerra Tulena, 22 de marzo de 1994. En este caso se resolvió denegar la petición de pérdida de investidura del representante a la Cámara Julio César Guerra Tulena por pertenecer a la Junta Directiva de la Sociedad Comercial Cales y Cementos de

otro caso, se reiteró el precedente, precisando su alcance. El Consejo dijo que si un congresista es miembro de la junta directiva de una empresa privada, debe examinarse en cada caso concreto cuál es el "nexo y la representatividad" que tiene consigo el hecho de ostentar tal posición, para determinar si constituye o no cargo o empleo, es decir, si constituye o no una incompatibilidad. En este caso resolvió negar la solicitud de pérdida de investidura, pues se consideró que ser el presidente de la Cooperativa Industrial Lechera de Colombia Ltda., Ciledco, no implicaba "(...) la gestión, el desarrollo de unas funciones que estorben el cumplimiento de las tareas legislativas y de las demás atribuciones que corresponden a un ciudadano elegido para integrar el Congreso de la República, o que se utilice para ejercer tráfico de influencias".[14]

Toluviejo, S.A. Salvó el voto la consejera Miren de la Lombana de Magyaroff, por considerar que era a la Sala Plena del Consejo de Estado y no la Sala Plena de lo Contencioso Administrativo de la propia Corporación, a la que le correspondía conocer del proceso de pérdida de Investidura.

[14] República de Colombia, Consejo de Estado, Referencia núm. AC-1215, C.P. Álvaro Lecompte Luna, 14 de abril de 1994. La Consejera Miren de la Lombana de Magyaroff salvó el voto, pues consideró que el proceso no se ha debido tramitar de acuerdo con el procedimiento ordinario. Para denegar la solicitud de pérdida de investidura del representante Ricardo Rosales Zambrano, el Consejo de Estado tuvo en cuenta, por ejemplo, que según los estatutos el representante legal de la cooperativa no era el presidente sino el gerente, quien también era el órgano ordinario de comunicación

El Consejo de Estado también ha admitido que un congresista puede aparecer como representante legal de una persona jurídica comercial en los registros públicos, cuando antes de posesionarse como congresista manifestó clara y explícitamente la voluntad de renunciar a tal cargo. Por ejemplo, no incurre en la incompatibilidad quien haya renunciado a su condición de representante legal de una persona jurídica de derecho privado antes de su posesión como congresista, así el acto de renuncia, o su aceptación, no hubieran sido registrados en la Cámara de Comercio.[15] En otro caso, el Consejo consideró que

---

con los asociados y extraños. El Presidente de la Cooperativa en este caso se limitaba a funciones inherentes propias a dicha dignidad, tales como convocar y presidir las reuniones, firmar las actas y las resoluciones que se adoptaran.

[15] República de Colombia, Consejo de Estado, Referencia núm. AC-9320, C.P. Nicolás Pájaro Peñaranda, demandado: María Eugenia Jaramillo Hurtado, 7 de marzo de 2000. En este caso el Consejo de Estado denegó la solicitud de pérdida de la investidura de la representante a la Cámara María Eugenia Jaramillo Hurtado, quien había renunciado a ser la representante legal de la Corporación Carayurú antes de su posesión, el 20 de julio de 1998. La sentencia señaló: "(...) para la Sala es evidente que la renuncia al cargo de Coordinador Científico que presentó la demandada el día 26 de junio de 1998, surtió sus efectos jurídicos desde ese mismo día, sin que las sospechas del actor sobre maniobras engañosas en la inscripción tardía de las actas de aquella Corporación, sean prueba para desvirtuar la autenticidad del acta en que consta esa renuncia y, por consiguiente, que no se demostró que la congresista hubiera desempeñado a partir del 20 de julio de 1998 en que se posesionó en la

la mera formalidad de tener un cargo privado, cuando se ha renunciado a este antes de posesionarse como congresista y no se ha desempeñado en forma alguna, no constituye violación al régimen de incompatibilidades.[16] Recientemente, este precedente fue reiterado por unanimidad.[17]

Cámara de Representantes, cargo o empleo público o privado, que determine la pérdida de su investidura". [En la sentencia se advierte que "(...) el cargo de Coordinador Científico, implicaba según los estatutos de la Corporación, *dirigirla, administrarla y asesorarla*, porque dicho Coordinador hace parte del Consejo Científico, uno de los órganos encargados de tales dirección, administración y asesoría, amén de que le correspondía reemplazar al Director General en casos de ausencia temporal o transitoria"].

[16] República de Colombia, Consejo de Estado, Referencia núm. 11001-03.15-000-2001-0111-01-AC, C.P. Camilo Arciniegas Andrade, demandado: Dieb Nicolás Maloof, 17 de julio de 2001. En este caso se denegó la solicitud de pérdida de investidura de un senador que había renunciado, antes de posesionarse, a su cargo de presidente y de miembro de la Junta Directiva de una sociedad comercial de la cual era parte, pese haber continuado figurando como tal en el registro mercantil después de posesionado. La Sala Plena de lo Contencioso Administrativo del Consejo de Estado resolvió denegar la solicitud de pérdida de la investidura del senador Dieb Nicolás Maloof C.

[17] República de Colombia, Consejo de Estado, Referencia núm. C.P. Roberto Medina López, demandado: Alfonso Parra Pérez, 26 de febrero de 2002. En este caso el Consejo de Estado resolvió denegar la pérdida de investidura del representante a la Cámara Alfonso Parra Pérez (directivo principal de Resonancia Mag-

Excepciones relativas a cargos o actividades específicamente relacionadas con la actividad de orientación política

Bajo esta excepción se destacan dos tipos de situaciones. La primera tiene que ver con cargos políticos. El Consejo de Estado decidió que el cargo de representante legal y director de un movimiento político es compatible con la investidura de senador de la República, pues no es un cargo privado sino de carácter político.[18]

---

nética e Imágenes Diagnósticas del Norte & Cía. Ltda.). Si bien su nombre figuraba en el registro mercantil como representante legal de la sociedad, era claro que con anterioridad a su posesión como congresista ya había comunicado a los demás socios la necesidad de separarse de su cargo de miembro de la junta directiva y presidente, aun cuando no se hubiese efectuado el respectivo registro. El Consejo de Estado calificó este hecho como una "manifestación de voluntad clara y válida a los socios" que deja sin sustento los alegatos del demandante.

[18] República de Colombia, Consejo de Estado, Radicado núm. AC-1386, C.P. Ernesto Rafael Ariza, demandada Regina de Jesús Betancourt de Lizka, 23 de febrero de 1994. Se dijo en la sentencia: "(...) la demandada Regina de Jesús Betancourt de Lizka al desempeñarse como representante legal y directora nacional del Movimiento Unitario Metapolítico no ejerció un cargo privado sino de carácter político, en el cual es compatible con la investidura de senadora de la República que ostenta, pues es precisamente a través de éste como se logra alcanzar uno de los propósitos políticos del Movimiento que lidera, que son los que la normatividad constitucional pretende garantizar y que el artículo 283 numeral 9.° de la Ley 5.ª de 1992 ha erigido como excepción a la incompatibilidad

Este precedente fue reiterado cuando resolvió negar la solicitud de pérdida de investidura de un senador por ser subdirector nacional de un movimiento político.[19]

La segunda situación consiste en escribir columnas de opinión: un congresista no viola la incompatibilidad al escribir columnas de opinión en las que presente su manera de pensar acerca de temas políticos, económicos, sociales, cívicos o de otra naturaleza. Según el Consejo, el artículo 20 de la Constitución garantiza a toda

---

consagrada en el artículo 180 numeral 1.° de la Carta Fundamental". En este caso se resolvió negar la petición de pérdida de investidura de la senadora Betancourt de Lizka. El consejero de Estado Julio César Uribe Acosta salvó parcialmente su voto, puesto que estuvo en desacuerdo con que se aceptara que la pérdida de investidura se decreta de por vida; para el consejero, "(...) la normatividad que se recoge en los artículos 179 a 187 de la Constitución resulta, en parte sustancial, Inconstitucional, con lo cual me adhiero a la perspectiva jurídica que enseña que es posible encontrar normas constitucionales que violen la Constitución. (...)".

[19] República de Colombia, Consejo de Estado, Referencia núm. AC-4534, C.P. Mario Alario Méndez, demandado: Ángel Humberto Rojas, 29 de abril de 1997. La demanda había sido presentada en contra del senador Ángel Humberto Rojas Cuesta por ser subdirector nacional del Movimiento Unitario Metapolítico. Adicionalmente, en este caso el Consejo de Estado resolvió imponer una multa por veinte salarios mínimos mensuales al demandante, en razón a la claridad del precedente sentado en la sentencia del 23 de febrero de 1994 y al hecho de que el demandante en ambos casos había sido el mismo.

persona el derecho a expresar y difundir libremente su pensamiento y opiniones. Ser congresista no implica una restricción a este derecho constitucional.[20]

[20] República de Colombia, Consejo de Estado, Referencia núm. AC-12158, C.P. Nicolás Pájaro Peñaranda, 28 de noviembre de 2000. Unánimemente el Consejo de Estado denegó la pretensión de pérdida de la investidura del representante a la Cámara Jorge Ubeimar Delgado Blandón. Lo mismo sucedió en el caso del representante Francisco Canossa Guerrero en septiembre de 2001.

El control de tutela ejercido por la Corte Constitucional

Pocos congresistas desinvestidos han acudido a la acción de tutela contra sentencias para solicitarle a los jueces de tutela que anulen la respectiva providencia del Consejo de Estado alegando generalmente que este les violó el debido proceso por una falla en el juicio contencioso así como derechos sustanciales, principalmente sus derechos políticos, puesto que la pérdida de investidura inhabilita para ser elegido, y su derecho a escoger profesión u oficio, puesto que le impide ser activo en la política. Sin embargo, la Corte Constitucional ha sido reacia a anular las sentencias del Consejo de Estado. Veamos algunos casos.

En la primera sentencia de tutela sobre el punto, la Corte confirmó la pérdida de investidura del senador Ricaurte Losada Valderrama y anotó que este tenía una vía judicial alternativa a la acción de tutela para alegar la violación del debido proceso, ya que las sentencias de pérdida de investidura pueden ser atacadas mediante un recurso extraordinario de revisión ante el propio Consejo de Estado.[1]

En la segunda ocasión, el congresista Félix Salcedo Baldión acudió a la tutela alegando que el recurso extraordinario de revisión era ineficaz porque el legislador no había definido el juez competente para conocer de este. La Corte modificó expresamente su jurisprudencia anterior –ante los desarrollos posteriores a su fallo de 1995–[2] y aceptó que la tutela sí cabía procesalmente,

---

[1] República de Colombia, Corte Constitucional, Sentencia T-193 de 1995, M.P. Carlos Gaviria Díaz.

[2] La Corte Constitucional resumió esos desarrollos así: "Esta Corporación, en la sentencia C-247/95 (M.P. José Gregorio Hernández Galindo), se declaró incompetente para determinar cuál podría ser el juez responsable de tramitar el recurso extraordinario especial de revisión, como quiera que ello sólo podía ser definido por el Legislador. De otra parte, el proyecto de Ley Estatutaria de la Administración de Justicia asignaba a la Sala de Casación Penal de la Corte Suprema de Justicia el conocimiento del anotado recurso. Sin embargo, la Corte, en la sentencia C-037/96 (M.P. Vladimiro Naranjo Mesa), declaró la inexequibilidad de la disposición antes anotada. Ciertamente, consideró, por una parte, que, conforme a los artículos 184 y 237-5 de la Carta Política, las decisiones de pérdida de la investidura le competen, en forma exclusiva, al Consejo de Estado, lo cual implica que ningún otro juez pueda revisar las sentencias que al respecto adopte la anotada Corporación. Así

pero al decidir de fondo concluyó que el Consejo de Estado había respetado el debido proceso y los demás derechos fundamentales invocados por el congresista desinvestido.[3]

En el tercer caso, el senador desinvestido Edgar Perea acudió también infructuosamente a la acción de tutela. Como el legislador ya había llenado el vacío relativo al juez competente para decidir sobre los recursos extraordinarios de revisión y el Consejo de Estado estaba conociendo de tales recursos, la Corte, en sentencia de unificación de jurisprudencia proferida por la sala plena, decidió que la tutela no cabía desde el punto de vista procesal.[4]

En el cuarto caso, el congresista desinvestido César Pérez García acudió a la tutela, puesto que el Consejo de Estado, por diferentes razones, se había negado a conocer del recurso extraordinario de revisión intentado varias veces por el congresista. La Corte concedió la

---

mismo, admitir tal posibilidad implicaría la violación del principio de independencia del juez (C.P., arts. 113 y 228). De otro lado, la Corte estimó que la regulación en torno a un recurso es una materia procesal propia de una ley ordinaria y no de una ley estatutaria".

3 República de Colombia, Corte Constitucional, Sentencia T-162 de 1998, M.P. Eduardo Cifuentes Muñoz.

4 República de Colombia, Corte Constitucional, SU-858 de 2001, M.P.: Rodrigo Escobar Gil (salvamento de voto de Jaime Araujo Rentería y de Alfredo Beltrán Sierra. Impedimento aceptado de Manuel José Cepeda Espinosa).

tutela, pues se le estaba impidiendo acceder a la justicia y ordenó que el Consejo de Estado le diera curso que correspondiera al recurso presentado por él.[5] Esta es la única vez que ha prosperado la tutela. Cabe anotar que la Corte Constitucional no invalida la sentencia en la cual se decretó la pérdida de investidura del congresista, sino que dispuso que el Consejo de Estado no se negara a tramitar el recurso extraordinario de revisión.

Además de estos casos en que la Corte Constitucional ejerce un control sobre el Consejo de Estado, es importante resaltar que algunos congresistas han acudido al sistema interamericano de protección de derechos humanos para exigir que se declare que las sentencias que decretaron la pérdida de su investidura son violatorias

---

[5] República de Colombia, Corte Constitucional, Sentencia T-1013 de 2001, M.P. Alfredo Beltrán Sierra. La orden fue la siguiente: "Disponer que el Consejo de Estado, Sala de lo Contencioso Administrativo, por las razones expuestas en la parte motiva, le dé el curso legal que corresponda al recurso extraordinario de revisión, que presentó el actor el día diez (10) de diciembre de mil novecientos noventa y ocho (1998) y que fue admitido en providencia del diecinueve (19) de enero de mil novecientos noventa y nueve (1999). Para tal efecto, el trámite continuará con la demanda suministrada por el actor, o con las copias que existan en el Consejo de Estado. Para el cumplimiento de esta sentencia, por las razones expuestas, se dejan sin efecto las providencias del tres (3) de agosto de mil novecientos noventa y nueve (1999) y del veintiocho (28) de septiembre de mil novecientos noventa y nueve (1999) del Consejo de Estado, Sala de lo Contencioso Administrativo".

de sus derechos humanos. Entre los argumentos presentados se destacan dos, además de la violación del debido proceso por las especificidades de cada caso. El primero consiste en que la restricción de derechos políticos sólo cabe mediante sentencia penal, lo cual excluye que la pérdida de investidura pueda aparejar la llamada muerte política. El segundo, que los efectos de la pérdida de investidura son desproporcionados porque la inhabilidad política que de ella se deriva es permanente y general, independientemente de la gravedad de la conducta del congresista, lo cual lleva a que la demora en tomar posesión sea tratada igual que la indebida destinación de recursos públicos.

Evaluación de la pérdida de investidura, implicaciones y lecciones de la experiencia colombiana

Conviene hacer una evaluación del funcionamiento de la institución a partir de una serie de cuadros y gráficos que presentan una visión de conjunto. Además, se indicarán las implicaciones de la aplicación de esta figura así como las lecciones que se derivan de la experiencia colombiana.

Cuánto se ha usado y con qué resultado

De la revisión de la jurisprudencia del Consejo de Estado se aprecia que la pérdida de investidura empezó a funcionar aun antes de su desarrollo legal y poco después de la entrada en vigor de la Constitución de 1991. En ese año se presentó una demanda. En los dos años siguientes se presentaron dieciséis, pero fue solamente hasta 1994 cuando la utilización de esta acción se incrementó de manera significativa. Sólo en ese año se presentaron cuarenta y cuatro demandas ante el Consejo de Estado. El evento que generó ese incrementó fue la Ley 144 de 1994, que estableció el procedimiento para tramitar las pérdidas de investidura.

La acción de pérdida de investidura se ha invocado con mucha frecuencia. Para el período 1991-2003 se presentaron trescientas cuarenta y siete demandas, lo que representa, en promedio, veintinueve por año. Naturalmente, se observan algunas variaciones, especialmente en años marcados por escándalos políticos, como sucedió en 2000, cuando en medio de la discusión sobre la revocatoria del mandato del Congreso por vía de referendo, se interpusieron cien demandas por conflicto de intereses, es decir el 28% de ellas. Lo mismo sucedió durante el proceso 8000 (1996) por la introducción en un proyecto de ley de un artículo llamado "el narcomico", a raíz del cual algunos congresistas perdieron la investidura. En consecuencia, es evidente que los principales escándalos políticos concernientes a cuestiones en las cuales intervino el Congreso se han reflejado en solicitudes de pérdida de investidura.

A partir del año 2004, hubo trescientas doce investigaciones y el Consejo de Estado declaró la pérdida de investidura en ciento quince casos, así: tres senadores, ocho representantes, noventa y seis concejales y ocho diputados.

Es evidente que hay un incremento en el número de pérdida de investiduras con respecto a diputados y concejales, y hay una clarísima disminución en lo referente a senadores y representantes. Existen dos explicaciones al respecto. La primera se relaciona con que cada día los senadores y representantes son mucho más cuidadosos en presentar los impedimentos del caso ante las plenarias; la segunda tiene que ver con lo que se ha denominado coloquialmente el "escándalo de la parapolítica"; o sea, los procesos que tanto la Corte Suprema como la Fiscalía General de la Nación han asumido con respecto a senadores y representantes que fueron incriminados por supuestos vínculos con grupos armados ilegales, las autodefensas o mal llamados grupos paramilitares.

Con respecto al Senado, los datos relacionados con parapolítica para el período 2006-2010 son los siguientes: veintisiete senadores renunciaron y prefirieron no someterse al riesgo de la pérdida de la investidura. La renuncia les permitía perder el fuero que les otorgaba la Constitución al ordenar que los juzgara la Corte Suprema de Justicia en una sola instancia. Prefirieron hacer el itinerario de la justicia ordinaria que les proporcionaba las dos instancias y otros recursos.

Causales más invocadas y con qué resultado

El Consejo de Estado ha desinvestido por diversas causales a cincuenta y tres congresistas, que fueron sancionados con lo que se denomina la "muerte política", esto es, la inhabilidad perpetua para volver al Congreso. Como ya se dijo, pueden ser designados en el Ejecutivo.

Respecto a la causal de conflicto de intereses, esta ha sido planteada en muchas ocasiones porque el concepto es amplio, se extiende a los conflictos de orden moral y no se limita a los intereses de orden pecuniario.

Varias solicitudes de pérdida de investidura han sido negadas por falta de pruebas debido a que la jurisprudencia exige demostrar: 1) que habría un beneficio directo y privado; 2) que el congresista obró con conocimiento del conflicto.

Los desinvestidos incurrieron en conductas manifiestamente contrarias a las reglas de juego vigentes; pero en algunos casos relativos a incompatibilidades se puede apreciar severidad en el Consejo de Estado, lo cual ha llevado a que los desinvestidos acudan a la acción de tutela para que la Corte Constitucional invalide la sanción. En cambio, en materia de conflicto de intereses, la doctrina del Consejo –en el sentido de que este no se configura cuando el proyecto de ley regula de manera impersonal, general y abstracta un asunto en el cual el congresista podría tener interés– es tan indefinida que puede ser aplicada como excusa en cualquier caso, dado que todas las leyes son por definición impersonales, generales y abstractas.

Los casos de conflicto de intereses han surgido en el contexto del trámite de proyectos de ley, de reformas constitucionales y de disposiciones presupuestales y de planeación, así como de elecciones de funcionarios, como el Defensor del Pueblo, pero no en el curso de debates en desarrollo de la función de control político.

Contra quién se ha dirigido

Se ha dirigido contra senadores y representantes de todas las vertientes políticas y de las diversas regiones del país, pues frente a esta figura no hay intocables. Tal es el caso de congresistas prestigiosos como María Isabel Rueda (una demanda), Antonio Navarro Wolff (una demanda), Germán Vargas (una demanda) e Ingrid Betancourt (cuatro demandas). Uno de los congresistas más demandado ha sido Fabio Valencia Cossio (seis demandas). Otros que han sido demandados frecuentemente son Juan Fernando Cristo, Alberto Santofimio y Carlos Espinosa (en cuatro oportunidades). Algunos congresistas fueron demandados infructuosamente en un principio, como César Pérez García, pero luego en una demanda posterior, por la misma causal, sí se le decretó la desinvestidura.

Los desinvestidos han sido nuevos dirigentes políticos territoriales, así como políticos tradicionales de un gran peso político. De hecho, si bien algunos de ellos eran considerados intocables, la institución de pérdida de investidura logró impedir que congresistas que incurrieron en alguna de las conductas sancionadas por la Constitución y la ley mantuvieran su curul, escudados unas veces en la inmunidad y otras en la posibilidad de ser elegidos aun cuando estaban cumpliendo una sanción penal en la cárcel. Así ocurrió con un congresista que fue elegido senador estando en la cárcel. Esto tuvo lugar antes de la expedición de la Constitución de 1991.

Si se observa el número de congresistas que han perdido su investidura en cada cámara, se constata que son treinta y cinco representantes, de una cámara compuesta por ciento sesenta y tres miembros, y dieciocho senadores, de un senado integrado por ciento dos miembros, durante los veinte años de vigencia. Cincuenta y tres congresistas en total.

Quiénes presentan las demandas

En la mayoría de los casos, los demandantes han sido ciudadanos y no la Procuraduría General de la Nación, el propio Congreso o los personeros municipales. Entre los ciudadanos que han presentado más demandas se puede mencionar a Luis Andrés Penagos, Pablo Bustos Sánchez, Emilio Sánchez Alsina y Carlos José Castro Fresneda.

Implicaciones de la pérdida de investidura

Para identificar las implicaciones de la aplicación de la pérdida de investidura se ha acudido a varios indicadores. Tomados en conjunto, de ellos se deduce que la institución ha tenido un impacto significativo en impedir que continúen algunas prácticas de corrupción y en asegurar que en casos extremos el congresista pierda la curul, aunque no haya sido suficiente para depurar la política ni para mejorar la imagen del Congreso o de los partidos. Estos indicadores son de diferente orden.

Indicadores institucionales

En el plano jurisprudencial, hay tres indicadores que, no por ser obvios, dejan de ser ilustrativos. Primero, la pérdida de investidura no se ha quedado escrita, ha funcionado en la práctica y como resultado de ello cincuenta y tres congresistas han sido desinvestidos. Segundo, todas las causales de desinvestidura han sido invocadas y aplicadas por el Consejo de Estado, lo cual indica que la institución en su integridad ha venido operando. Tercero, hasta la fecha ninguna sentencia del Consejo ha sido invalidada o revocada. Ello indica que el Consejo no se ha excedido.

En el plano legislativo, se observan varios fenómenos que muestran que los congresistas han tratado de reducir el rigor con el cual se ha aplicado la institución y han buscado, además, extenderla a otros miembros de corporaciones públicas. Ambos fenómenos indican que, lejos de ser inocua, la pérdida de investidura es percibida como eficaz y, por tanto, temible por los propios congresistas.

La pérdida de investidura se ha extendido a miembros de otras corporaciones públicas. Gradualmente, ha llegado a cubrir diputados de las asambleas departamentales, concejales de concejos municipales y distritales e incluso ediles de juntas administradoras locales. Para el período 2004-2011, noventa y seis concejales y ocho diputados han perdido la investidura, para un total de ciento dieciséis.

En cuanto a los intentos por reducir el rigor de la institución respecto de los propios congresistas, sobresalen los encaminados a no desarrollarla, a limitar la presentación de acciones de pérdida de investidura, a debilitar al Consejo de Estado, a hacer más exigentes las mayorías para decretar la desinvestidura y a limitar las causales. Todos estos intentos han sido plasmados en leyes expedidas por el propio Congreso, pero han fracasado gracias a que la Corte Constitucional las ha declarado inconstitucionales.

Después de la promulgación de la Constitución en 1991 se presentaron acciones de pérdida de investidura sin que el Congreso hubiera regulado el procedimiento contencioso para tramitarlas en el Consejo de Estado. No obstante, ello no impidió que la institución empezara a funcionar. El Consejo conoció diecisiete acciones, conforme al procedimiento contencioso administrativo general. Ello condujo a varias desinvestiduras, pero también a que algunas de ellas fueran atacadas infructuosamente por haberse adelantado al correspondiente desarrollo legislativo. Este fue expedido por el Congreso en 1994 por medio de la Ley 144 que reglamentó el procedimiento especial aplicable a la desinvestidura.

En las leyes de reglamentación de la institución, el Congreso introdujo varias trabas encaminadas a restarle eficacia. Estas fueron declaradas inconstitucionales por la Corte Constitucional. En primer lugar, en la Ley 5 de 1992, orgánica del Congreso, para limitar la iniciación de proceso de pérdida de investidura, se dispuso que las mesas directivas de las cámaras no podrían remitir al Consejo de Estado situaciones en las cuales se habría configurado una causal de pérdida de investidura sin que previamente la cámara correspondiente en pleno hubiera aprobado la remisión. La Corte Constitucional consideró que ello restringía el acceso a un procedimiento que el constituyente había abierto a cualquier ciudadano, sin ningún requisito adicional.[1]

En segundo lugar, el Congreso trató de minar la autoridad del Consejo de Estado como juez último de la desinvestidura. Para este efecto, creó un recurso extraordinario especial de revisión contra las sentencias de desinvestidura y atribuyó a la Corte Suprema de Justicia, no al propio Consejo, la competencia para conocer de dicho recurso. La Corte Constitucional estimó que como la Constitución había fijado el juez competente para las desinvestiduras, entonces el legislador no podía agregar otro juez así este fuera muy calificado. La competencia del Consejo es exclusiva, dijo la Corte.[2]

---

1 República de Colombia, Corte Constitucional, Sentencia C-319 de 1994, M.P. Hernando Herrera Vergara.

2 República de Colombia, Corte Constitucional, Sentencia C-037 de 1996, M.P. Vladimiro Naranjo. Advirtió: "Así las cosas, la Corte declarará la inexequibilidad de los incisos tercero y cuarto del artículo que se revisa (artículo 16 del proyecto de ley estatutaria de la administración de justicia), ya que, como se ha señalado, la decisión de confiar a la Sala Penal de la Corte Suprema de Justicia el conocimiento de los recursos extraordinarios de revisión contra las sentencias de la Sala de lo Contencioso Administrativo que decreten la pérdida de la investidura de un congresista, viola los artículos 113, 158, 183, 184, 228 y 237-5 de la Carta. Valga aclarar que esta declaración de inconstitucionalidad no significa que desaparezcan del ordenamiento jurídico aquellos apartes o expresiones del artículo en comento que también se hubiesen consagrado en el artículo 17 de la Ley 144 de 1994, declarados

En tercer lugar, el Congreso intentó modificar las mayorías requeridas para decretar la desinvestidura. En un principio amplió el número de magistrados, al establecer que los consejeros de la Sala de Consulta del Consejo de Estado conformaban, con los de la Sala de lo Contencioso del mismo Consejo, el juez competente para conocer de las acciones de pérdida de investidura. La Corte Constitucional decidió que los consejeros que tienen tan sólo funciones consultivas para el gobierno no pueden ejercer atribuciones de juzgamiento y, por tanto, los magistrados de la Sala de Consulta no podrían sumarse a los de la Sala Contenciosa.[3] Luego, en la ley estatutaria de la administración de justicia, los congresistas incluyeron un inciso encaminado a aumentar la mayoría decisoria a las dos terceras partes de los miembros de la Sala de lo Contencioso. Como esta ley es sometida a control previo y automático de la Corte Constitucional, la Corte declaró inconstitucional esta mayoría calificada, por violar el principio democrático antes de que entrara a regir.[4]

---

exequibles por esta Corporación, pues, naturalmente, al estar contenidos en dicha normatividad, mantienen su vigencia, su fuerza y su obligatoriedad jurídica".

[3] República de Colombia, Corte Constitucional, Sentencia C-319 de 1994, M.P. Hernando Herrera Vergara.

[4] República de Colombia, Corte Constitucional, Sentencia C-037 de 1996, M.P. Vladimiro Naranjo Mesa. "En cuanto a la primera situación, debe decirse que el Estatuto Superior consagra,

En cuarto lugar, el Congreso ha tratado de restringir el fundamento de las acciones de pérdida de investidura al artículo 183 de la Constitución. Con ello buscó no solo enfatizar el carácter taxativo de las causales, sino excluir otras causales que están en otros artículos de la propia Constitución, como el artículo 110 relativo a ciertas modalidades de financiación de las campañas electorales. La Corte Constitucional ha admitido que las causales son solamente las enumeradas en la Carta, pero sostuvo que no son únicamente las incluidas en el artículo 183.[5]

En relación con las causales, el Congreso también intentó subordinar algunas de las previstas en el artículo 183 a una sentencia penal previa, estableciendo una prejudicialidad que impediría solicitar la pérdida de investidura de un congresista por destinación indebida

---

como principio general que debe inspirar la labor reguladora del legislador, el que las decisiones de las corporaciones públicas sean adoptadas por mayoría simple, salvo que se trate de casos especiales como los que consagra en forma taxativa la Constitución. Pero, como si lo anterior no fuese suficiente, para la Corte la decisión de establecer un quórum especial vulnera la autonomía de que goza el Consejo de Estado para determinar la forma, el procedimiento y los requisitos necesarios para tomar en el seno de sus salas las decisiones de su competencia. Resulta forzoso, en consecuencia, declarar la inexequibilidad de la expresión 'las dos terceras partes de', contenida en el numeral que se revisa".

5 Idem.

de recursos públicos o por tráfico de influencias mientras no hubiera sentencia penal condenatoria. Incluyó en la ley orgánica del Congreso un parágrafo con este propósito. La Corte Constitucional lo declaró inexequible con el argumento de que la prejudicialidad penal era una restricción desproporcionada de la competencia exclusiva del Consejo de Estado y del acceso de los ciudadanos a la justicia.[6]

De este resumen de los intentos del Congreso para restringir el funcionamiento de la institución se infiere que esta es vista como una herramienta eficaz (¿peligrosa?) por los propios congresistas a tal punto que han tratado de crear obstáculos que harían muy difícil su funcionamiento. Los caminos para lograr restringir la eficacia de esta institución han sido múltiples, desde la ley orgánica del Congreso hasta la ley estatutaria de la administración de justicia pasando por la propia ley de desarrollo de esta institución. Esto se ha hecho sin propiciar un debate público. Han sido procesos que han pasado desapercibidos para la opinión.

---

6 República de Colombia, Corte Constitucional, Sentencia C-319 de 1994, M.P. Hernando Herrera Vergara. El magistrado Eduardo Cifuentes Muñoz salvó el voto porque estimó que la presunción de inocencia hacía razonable crear la prejudicialidad penal para tales causales. En esta misma sentencia fueron declarados inconstitucionales otros artículos del reglamento del Congreso por violar el principio de unidad de materia.

Ante las decisiones de la Corte Constitucional, el Congreso optó por modificar la propia Constitución con el fin de introducir algunas de las trabas que la Corte ha frenado. Aprovechando el proyecto de referendo que el ex presidente Álvaro Uribe introdujo el 7 de agosto de 2002, el Congreso agregó al artículo que ampliaba las causales de pérdida de investidura una serie de principios procesales y autorizaciones orientadas a darle fundamento constitucional a futuras leyes que podrían llegar a ser restrictivas de la pérdida de investidura. Por ejemplo, en el llamado punto 7 del referendo: a) se autorizaba el establecimiento de mayorías calificadas para decretar la pérdida de investidura; b) se decía que habría un recurso de apelación contra las sentencias del Consejo de Estado; c) que los efectos de la pérdida de investidura no serían siempre la inhabilidad perpetua sino que podían ser menores en aras de respetar el principio de proporcionalidad, entre otras.[7] Es interesante que en un referendo

---

[7] Texto de la pregunta 7 del Referendo sobre pérdida de investidura.

"El artículo 183 se modifica en sus numerales 2 y 3, y se adiciona con los numerales 6 y 7, y los parágrafos, del siguiente texto:

Art.183. Los congresistas, los diputados, los concejales y cualquier otro miembro de las corporaciones elegidas popularmente perderán su investidura:

2. Por la inasistencia, sin causa justificada, en un mismo período ordinario de sesiones, a seis (6) reuniones plenarias, o de la respectiva comisión, que hubieren sido citadas para votar proyectos

encaminado a crear herramientas "contra la politiquería y la corrupción" se hayan incluido trabas a uno de los mecanismos más eficaces contra estos fenómenos. Valga anotar que en la reforma constitucional que impulsó el propio Congreso de manera paralela a la tramitación del

---

de acto legislativo, de ley, ordenanzas, acuerdos, mociones de censura, o elección de funcionarios, según el caso.

3. Por no tomar posesión del cargo dentro de los ocho (8) días siguientes a la fecha de instalación de la respectiva corporación, o a la fecha en que fueran llamados a posesionarse.

6. Por violar el régimen de financiación de campañas electorales, por compra de votos, o por participar en prácticas de trashumancia electoral.

7. Por gestionar o aceptar auxilios con recursos públicos, cualquiera que hubiese sido su forma de aprobación o ejecución.

Parágrafo 2.° La ley reglamentará las causales de pérdida de investidura de los miembros de las corporaciones públicas, para garantizar los principios de proporcionalidad, legalidad, debido proceso y culpabilidad. Igualmente, fijará el procedimiento para tramitarla y dispondrá una mayoría calificada para imponer la sanción y su graduación, de acuerdo con el principio de proporcionalidad. Esta disposición no tendrá efectos retroactivos.

Facúltese al Presidente de la República para que, en el término de 90 días, contados a partir de la entrada en vigencia de esta reforma constitucional, mediante decreto con fuerza de ley, adopte las disposiciones contenidas en el presente artículo.

Parágrafo 3.° El servidor público que ofrezca cuotas o prebendas burocráticas a un congresista, diputado, o concejal, a cambio de la aprobación de un proyecto de acto legislativo, ley, ordenanza, o acuerdo, será sancionado por falta gravísima con pérdida de empleo".

referendo se incluyeron nuevas causales de pérdida de investidura, en especial una muy importante consistente en violar los topes a gastos y contribuciones así como las demás reglas sobre la financiación de las campañas, pero no las trabas mencionadas.

El resultado de la votación de dicho referendo fue muy sugestivo, incluso sorprendente. El mensaje contradictorio –aumento de las causales de pérdida de investidura pero trabas a su aplicación– llevó a que el punto 7 del referendo recibiera a la vez el mayor porcentaje de votos afirmativos (94,72%) y el mayor número (956.250) y porcentaje de votos no marcados (14,4%), que en el contexto político de la votación equivale a un voto encaminado a impedir que esa pregunta del referendo alcanzara el umbral de participación necesario para su validez si lograba una aprobación mayoritaria. También obtuvo una gran cantidad de votos negativos –la segunda más alta votación por el no. El veredicto de los ciudadanos llevó a que el diseño original de la Constitución de 1991 quedara intacto. El punto 7 fue el segundo menos votado (22,6% de participación), un resultado que indica que el pueblo prefirió no correr el riesgo de cambiar una institución que ha funcionado bien. Esto refuerza lo que se dirá posteriormente sobre el respaldo de la opinión pública a la pérdida de investidura de los congresistas.

Otro indicador del impacto de la pérdida de investidura para los congresistas, si hiciera falta, es el comportamiento respecto de los impedimentos. Se ha vuelto frecuente que los congresistas se declaren impedidos cada vez que existe un riesgo de que se configure un conflicto de intereses, con el ánimo de resguardarse de una eventual solicitud de pérdida de investidura. La comisión que estudia la declaración de impedimento usualmente concluye que este no existe, lo cual protege al congresista debido a que el Consejo de Estado no ha decretado ninguna desinvestidura por participar en el trámite de un proyecto después de la declaración de un interés privado y cuando este ha sido rechazado como impedimento.

En algunas circunstancias, los opositores a un proyecto de ley advierten a sus colegas que si lo votan podrían estar incursos en una causal de conflicto de intereses, lo cual muestra que los congresistas entienden que esta herramienta cumple una función disuasiva. Pero la designación de una comisión para que estudie el eventual conflicto disipa los temores, por la razón mencionada.

De tal manera que los congresistas han acomodado su comportamiento a la jurisprudencia del Consejo de Estado aprovechando los matices, excepciones o lagunas que han detectado. Quizás el ejemplo más protuberante de este acomodamiento político lo constituye la inoperancia del libro de registro de intereses. Como se anotó, el Consejo de Estado ha dicho que la omisión de inscribir un interés privado en dicho libro no es, en sí misma, una falta que justifique decretar la pérdida de investidura. Por ello, no solo es difícil que un ciudadano acceda a este libro que es público, sino que no todos los congresistas se preocupan porque este refleje la realidad de su situación.

Indicadores de orden político

A estos indicadores de tipo institucional se suman otros de orden político que también muestran que la institución de la pérdida de investidura es percibida como una herramienta eficaz para depurar las prácticas parlamentarias.

En efecto, resulta especialmente significativo que en los dos proyectos de referendo contra la corrupción presentados hasta la fecha al Congreso se haya incluido la ampliación de las causales de pérdida de investidura. En otras palabras, cuando se ha pensado en una sanción con fuerza disuasiva y efectiva para darle importancia a una nueva prohibición, siempre se ha intentado convertirla en una causal adicional de pérdida de investidura. Así, en el proyecto de referendo presentado al Congreso a principios de 2000 por el Gobierno del presidente Pastrana y que luego fue retomado por un grupo de ciudadanos que buscaron conseguir el apoyo del 10% del censo electoral necesario para asegurar la convocatoria del referendo aún con la oposición del Congreso, se propuso ampliar las causales de pérdida de investidura para cobijar a quienes violen el régimen de financiación y publicidad de campañas, negocien votos o beneficien a aportantes de sus campañas, entre otras.[1] Como el presidente le retiró el respaldo a esta

---

[1] Artículo 6.° Fortalecimiento de la pérdida de investidura. Los miembros de las corporaciones públicas perderán su investidura por la inasistencia a seis reuniones plenarias o de comisión en un mismo período de sesiones; por la violación del régimen de financiación y publicidad de campañas electorales; por la negociación de votos; por participar en prácticas de trashumancia electoral; por intervenir indebidamente en el manejo, dirección o utilización de recursos del presupuesto; por gestionar nombramientos de servidores públicos o selección de contratistas y por no declarar el conflicto de intereses al participar en el trámite o aprobación de proyectos de ley que beneficien a aportantes de sus campañas. Lo anterior sin perjuicio de las causales previstas en el artículo 183 de la Constitución Política, las cuales también se aplicarán a los miembros de los consejos departamentales y de los concejos municipales y distritales. También perderán su investidura los gobernadores y los alcaldes municipales y distritales por violación del régimen de inhabilidades e incompatibilidades; por indebida destinación de dineros públicos; por violación del régimen de financiación y publicidad de campañas electorales; por negociación de votos y por participar en prácticas de trashumancia electoral. El Consejo de Estado conocerá de los procesos de pérdida de investidura de los gobernadores y del alcalde mayor.

propuesta confrontacional, porque incluía la revocatoria del mandato del Congreso; posteriormente, el Consejo Nacional Electoral no admitió que se contabilizaran las firmas de respaldo al comité ciudadano promotor de un referendo de iniciativa popular como apoyo al texto del articulado del mismo, no fue sometido a votación popular. En cambio, el segundo referendo propuesto en 2002 por el presidente Álvaro Uribe fue sometido a la decisión popular el 25 de octubre de 2003 después de un largo proceso de negociación con el Congreso, de la revisión del procedimiento por parte de la Corte Constitucional. El punto 7 de esta propuesta de referendo ampliaba las causales de pérdida de investidura al incluir la violación del régimen de financiación de campañas, la compra de votos, el trasteo de electores, entre otros. Pero al mismo tiempo incluyó las trabas procesales antes mencionadas. El resultado de la votación, como se dijo, fue un contundente respaldo popular tanto a la figura como al diseño original plasmado en la Constitución de 1991.

A esto se agrega que en ambos referendos las encuestas mostraban que la propuesta de ampliar la pérdida de investidura es altamente popular. Por ejemplo, en el último sondeo, anterior al 26 de octubre de 2003, era el segundo tema más popular con un apoyo del 97% de los encuestados. De tal manera que los colombianos, en general, ven en la institución de pérdida de investidura una herramienta apropiada para luchar contra la corrupción.

No obstante, el funcionamiento de la pérdida de investidura no ha sido suficiente para mejorar la imagen del Congreso, lo cual no puede ser tomado como un indicador de ineficacia sino como muestra de lo profunda que es la caída de la credibilidad de las instituciones representativas en Colombia. Incluso, no sería descartable que cada noticia relativa a una sentencia de desinvestidura refuerce ante la opinión la percepción de que en el Congreso hay corrupción. La encuesta sintetizada en el cuadro sobre favorabilidad de las instituciones indica que, aunque la imagen positiva del Congreso ha mejorado ligeramente, pasando del 25% en 2000 al 39% en 2003, sigue siendo la institución con la menor favorabilidad ante la opinión. En la reciente encuesta publicada en la revista *Credencial* (agosto de 2011) esta cifra llega al 32%. El último en la escala es el Concejo Distrital con 27%. El más alto, las Fuerzas Armadas con 70%.

El resultado de la votación del referendo también ofrece un dato aleccionador. El punto del referendo que proponía reducir el tamaño del Congreso –tanto del Senado como de la Cámara de Representantes– fue el menos votado de todos, lo cual muestra que, a pesar de su mala imagen, el Congreso es considerado como una institución necesaria de la democracia por los mismos colombianos que desaprueban ciertas prácticas parlamentarias. Otra lectura podría sugerir que las mayorías políticas tradicionales fueron exitosas tanto en promover el rechazo a esta propuesta por la vía de la abstención.

Conclusiones

Con base en el análisis anterior, es posible derivar algunas lecciones acerca de la institución de la pérdida de investidura como herramienta de lucha contra la corrupción. Estas pueden ser agrupadas en tres categorías: factores de éxito, factores de fracaso y condiciones de sostenibilidad.

Factores de éxito

Los factores principales que explican que en Colombia cincuenta y tres congresistas hayan perdido la investidura son los siguientes. En primer lugar, sobresalen los factores atinentes *al diseño institucional:* el órgano competente para decretar la desinvestidura es una corporación judicial independiente del Congreso y con el más elevado estatus dentro de la jurisdicción correspondiente; en el caso colombiano, la jurisdicción de lo contencioso administrativo.

La acción de pérdida de investidura es pública, o sea que puede ser presentada por cualquier ciudadano sin probar un interés en la decisión ni demostrar que fue uno de los que se siente defraudado por haber elegido o apoyado al congresista demandado.

El Congreso no tiene ningún mecanismo para postergar o impedir que un ciudadano solicite la pérdida de investidura de uno de sus integrantes, de tal manera que es imposible que opere el espíritu de cuerpo para proteger a un congresista.

El procedimiento de desinvestidura es eminentemente judicial, lo cual le confiere legitimidad ante cuestiones de alto significado y grandes implicaciones políticas.

La definición de las causales de pérdida de investidura parte de hechos objetivos por lo que la demostración de dolo, culpa o imprudencia no es necesaria, lo cual alivia enormemente la carga que recae sobre el demandante y permite que la etapa probatoria y la argumentación del propio juez sean menos exigentes y más sencillas.

El plazo para que el juez decida definitivamente sobre la solicitud debe ser breve para que la institución sea percibida reiteradamente como efectiva en un momento cercano al escándalo que motivó la petición de pérdida de investidura. Así, esta se distingue de los procedimientos judiciales ordinarios tradicionalmente lentos y engorrosos.

La reglamentación de la institución debe poder ser controlada por un órgano judicial independiente, como la Corte Constitucional, para evitar que el propio Congreso introduzca trabas u obstáculos al funcionamiento de la pérdida de investidura.

El funcionamiento de la institución no debe estar vinculado en su aplicación y en su evolución a las presiones de la opinión pública o de sectores de la sociedad civil, lo cual no significa que estas no contribuyan a su operación eficiente. Su diseño institucional debe hacerla prácticamente autosuficiente y depender para su puesta en funcionamiento de la iniciativa así sea de un solo ciudadano.

En cuanto a los factores de orden *político,* cabe destacar los siguientes. La existencia de un puñado de activistas dispuestos a correr los riesgos de presentar acciones contra congresistas influyentes. Una corriente de opinión sostenida a favor de la lucha contra la corrupción y el cambio político. El respaldo de los medios de comunicación mediante el seguimiento noticioso de la iniciación de los procesos de pérdida de investidura y de la correspondiente audiencia pública, así como de la decisión final. La presentación oportuna, en medio del escándalo político que le dio origen, de la solicitud de pérdida de investidura.

Factores de fracaso

Los factores que han llevado a que en casos límite no se haya decretado la pérdida de investidura o a que esta sea expuesta al peligro de perder su eficacia, son los siguientes. En lo que respecta a los factores de tipo *institucional,* es preciso destacar que: la facultad de los propios congresistas de regular la pérdida de investidura, aunque inevitable en una democracia, permite que estos traten de disminuir su efectividad estableciendo reglas de juego procedimentales encaminadas a entrabarla. Las doctrinas sentadas en la jurisprudencia pueden crear excusas y lagunas que impiden decretar en casos límite la desinvestidura, a pesar de que las causales sean definidas de manera objetiva. La extensión de los principios del derecho disciplinario o, más contraproducente aún, del derecho penal a la sanción de pérdida de investidura tiende a desnaturalizar una figura de control ciudadano de los congresistas por el incumplimiento de deberes mínimos definidos objetivamente.

En lo concerniente a los factores de orden *político* cabe resaltar: la ausencia de balances públicos y periódicos sobre el funcionamiento de la institución que muestren los aciertos y las fallas. La indiferencia de los medios de comunicación frente a reformas institucionales que restringen la pérdida de investidura. El acomodamiento de los congresistas a las nuevas reglas de juego, no para transformar sus prácticas políticas y parlamentarias con miras a depurarlas y hacerlas más transparentes, sino para reducir los riesgos de que por mantenerlas puedan llegar a perder su investidura. Esto ocurre claramente en materia de conflicto de intereses con la creación de comisiones que estudian los impedimentos declarados y concluyen que no existe conflicto.

Factores de sostenibilidad

La pérdida de investidura ha existido durante veinte años en Colombia. No se han materializado reformas sustanciales que la desfiguren, a pesar de que ha afectado cincuenta y tres congresistas, muchos de ellos poderosos y algunos considerados intocables. Todo ello es significativo y valioso.

Los factores de sostenibilidad de esta institución más relevantes han sido los siguientes. La consagración a nivel constitucional de los rasgos esenciales de la pérdida de investidura de tal manera que pudiera ser aplicada sin necesidad de desarrollos posteriores. Esto la preserva de reacciones coyunturales en su contra y ha impedido que sus alcances dependan de los principales afectados por su funcionamiento eficiente: los congresistas. La existencia de un control a los intentos de distorsionar la figura. Este papel le ha correspondido a la Corte Constitucional, que ha verificado si las leyes expedidas por el Congreso respetan el perfil y el espíritu de la configuración constitucional de la pérdida de investidura. La existencia de una corriente política que crea en las bondades de la institución y la defienda, así esta fuerza o movimiento no sea mayoritario. El funcionamiento eficiente del Consejo de Estado, lo cual reafirma su necesidad, trascendencia y legitimidad.

Referencias bibliográficas y documentales

Brito, Fernando y otros, *La pérdida de la investidura en Colombia*, Pereira, Universidad Libre, 2007.

—, *La pérdida de investidura de los congresistas. Reglas y subreglas aplicadas por el Consejo de Estado*, Bogotá, Procuraduría General de la Nación, 2005.

—, *Pérdida de investidura de los congresistas. Una sanción de naturaleza política*, Bogotá, Procuraduría General de la Nación, 2004.

Cepeda Espinosa, Manuel José, *La Asamblea Constituyente por dentro: mitos y realidades*, Bogotá, Presidencia de la República, 1993.

Cepeda Ulloa, Fernando (Ed.), *Corrupción y gobernabilidad*, Bogotá, 3R Editores, 2000.

—, *La lucha contra la corrupción en Colombia y recomendaciones para diseñar una nueva estrategia*, Bogotá, Banco Interamericano de Desarrollo, 1999.

— (Comp.), *La corrupción en Colombia,* Bogotá, Tercer Mundo Editores, 1997a.

—*Financiación de Campañas Políticas*, Bogotá, Ariel Ciencia Política, 1997b.

—*La corrupción administrativa en Colombia, diagnóstico y recomendaciones para combatirla*, (2 vols.), Bogotá, Tercer Mundo editores, 1994.

Dahl, Robert A., *A Preface to Democratic Theory*, Chicago, University of Chicago Press, 1956.

Foro Colombiano [nota del director], t. 26, núms. 151-152, enero y febrero de 1982.

Hernández, Eduardo, *La pérdida de investidura de congresistas y concejales*, Bogotá, Rodríguez Quito Editores, 1998.

May, Erskine, *Parliamentary Practice,* London, Butterworth & Co., 1976.

Mulhall, Stephen & Swift, Adam, *Liberals & Communitarians*, Blackwell Publishers, 1992.

Naím, Moisés, *Illicit: How smugglers, traffickers, and Copycats are Hijacking the Global Economy,* 2005.

National Democratic Institute for International Affaires, "Legislative Ethics: A Comparative Analysis", *Legislative Research Series*, paper 4, 1999.

Nieto Roa, Luis Guillermo, "ponencia para Primer Debate en Plenaria", *Gaceta Constitucional*, núm. 79, 22 de mayo de 1991.

Sunstein, Cass R., *The Partial Constitution*, Cambridge, Harvard University Press, 1994.

Jurisprudencia

República de Colombia, Presidencia de la República, Proyecto de Acto Reformatorio de la Constitución Política de Colombia, febrero de 1991.

República de Colombia, Consejo de Estado, Radicación núm. 11001-03-15-000-2002-0446-01(PI-043), C.P. Ana Margarita Olaya Forero, demandado: Juan Fernando Cristo Bustos, 27 de agosto de 2002.

República de Colombia, Consejo de Estado, Referencia núm. C.P. Roberto Medina López, demandado: Alfonso Parra Pérez, 26 de febrero de 2002.

República de Colombia, Consejo de Estado, Radicación núm. AC-12262, C.P. Jesús María Carrillo B. demandado: Jorge Julián Silva Meche, 26 de febrero de 2001.

República de Colombia, Consejo de Estado, Referencia núm. AC-11946, C.P. Germán Rodríguez Villamizar, demandado: Fabio Valencia Cossio, 13 de febrero de 2001.

República de Colombia, Consejo de Estado, Referencia núm. AC-12050, C.P. Jesús María Ballesteros, demandado: Julio César Guerra Tulena, 20 de marzo de 2001.

República de Colombia, Consejo de Estado, Radicación núm. 11001-03-15-000-2001-0130-01(PI), C.P. Germán Rodríguez Villamizar, demandado: Lorenzo Rivera Hernández, 20 de noviembre de 2001.

República de Colombia, Consejo de Estado, Radicación núm. AC-11116, C.P. Mario Alario Méndez, demandado: Gustavo Ramos Arjona, 17 de octubre de 2000.

República de Colombia, Consejo de Estado, Referencia núm. AC-12158, C.P. Nicolás Pájaro Peñaranda, 28 de noviembre de 2000.

República de Colombia, Consejo de Estado, Radicación núm. AC-7087, C.P. Ricardo Hoyos Duque, demandado: Carlina Rodríguez Rodríguez, 4 de mayo de 1999.

República de Colombia, Consejo de Estado, Radicación núm. AC-7084. C.P. Silvio Escudero Castro, demandado: Juan José Chaux Mosquera, 27 de abril de 1999.

República de Colombia, Consejo de Estado, Radicación núm. AC-7090, C.P. Nicolás Pájaro Peñaranda, demandado: Jorge Humberto Mantilla Serrano, 29 de junio de 1999.

República de Colombia, Consejo de Estado, Radicación núm. AC-6289, C.P. Ernesto Rafael Ariza, demandado: Pedro Vicente López Nieto, 13 de octubre de 1998.

República de Colombia, Consejo de Estado, Radicación núm. AC-5371, C.P. Clara Forero de Castro, demandado: Rafael Humberto Alfonso Acosta, 10 de marzo de 1998.

República de Colombia, Consejo de Estado, Expediente núm. AC-3214, C.P. Miren de la Lombana de Magyaroff, demandado: Heyne Sorge Mogollón Montoya, 6 de febrero de 1996.

República de Colombia, Consejo de Estado, Radicación núm. AC-3300, C.P. Joaquín Barreto Ruiz, demandado: Gustavo Espinosa Jaramillo, 12 de marzo de 1996.
República de Colombia, Consejo de Estado, Radicación núm. AC-3301, C de E. C.P. Amado Gutiérrez V. demandado: José Guerra de la Espriella, 16 abril de 1996.
República de Colombia, Consejo de Estado, Radicación núm. AC-3302, C.P. Amado Gutiérrez V., demandado: Armando Holguín Sarria, 5 de marzo de 1996.
República de Colombia, Consejo de Estado, Radicación núm. AC-3303, C.P. Dolly Pedraza de Arenas, demandado: Francisco José Jattin, 14 de mayo de 1996.
República de Colombia, Consejo de Estado, C.P. Delio Gómez Leyva, demandado: Álvaro Benedetti Vargas, 4 de junio de 1996.
República de Colombia, Consejo de Estado, Referencia núm. AC- 3453, C.P. Jesús María Carrillo B., demandado: Tiberio Villarreal, 27 de mayo de 1996.
República de Colombia, Consejo de Estado, Referencia núm. AC-1351, C.P. Carlos Arturo Orjuela Góngora, demandado: Julio César Guerra Tulena, 22 de marzo de 1994.
República de Colombia, Consejo de Estado, Referencia núm. AC-1215, C.P. Álvaro Lecompte Luna, 14 de abril de 1994.

República de Colombia, Consejo de Estado, Sala Plena de lo Contencioso Administrativo, Sentencia AC-1351, C.P. Carlos Arturo Orjuela Góngora, 22 de marzo de 1994.
República de Colombia, Consejo de Estado, Radicación núm. AC-1675, C.P. Ernesto Rafael Ariza, demandado: Vivianne Morales Hoyos, 23 de agosto de 1994.
República de Colombia, Consejo de Estado, Radicación núm. AC-1433, C.P. Diego Younes, demandado: Gabriel Acosta Bendek, 4 de agosto de 1994.
República de Colombia, Consejo de Estado, Radicación núm. AC-1499, C.P. Delio Gómez Leyva, demandado: Fuad Char, 26 de agosto de 1994.
República de Colombia, Consejo de Estado, Radicación núm. AC-796, C.P. Ernesto Rafael Ariza, demandado: César Pérez García, 20 de enero de 1994.
República de Colombia, Consejo de Estado, Radicación núm. AC-1276, C.P. Jaime Abella Zárate, demandado: José L. Blackburn Cortés, 24 de marzo de 1994.
República de Colombia, Consejo de Estado, Radicado núm. AC-1386, C.P. Ernesto Rafael Ariza, demandada Regina de Jesús Betancourt de Lizka, 23 de febrero de 1994.
República de Colombia, Consejo de Estado, Referencia núm. AC-632, C.P. Miguel Viana Patiño, demandado: Álvaro Araujo Noguera, 1 de diciembre de 1993.

República de Colombia, Corte Suprema de Justicia, Sentencia de 3 de noviembre de 1981.
República de Colombia, Corte Constitucional, Sentencia T-162 de 1998, M.P. Eduardo Cifuentes Muñoz.
República de Colombia, Corte Constitucional, SU-858 de 2001, M.P. Rodrigo Escobar Gil (salvamento de voto de Jaime Araujo Rentería y de Alfredo Beltrán Sierra. Impedimento aceptado de Manuel José Cepeda Espinosa).
República de Colombia, Corte Constitucional, Sentencia T-1013 de 2001, M.P. Alfredo Beltrán Sierra.
República de Colombia, Corte Constitucional, Sentencia C-319 de 1994, M.P. Hernando Herrera Vergara.
República de Colombia, Corte Constitucional, Sentencia C-037 de 1996, M.P. Vladimiro Naranjo Mesa.

Anexo 1. Lista de senadores que han perdido su investidura según cada causal (orden cronológico)

Número	Senador	Causal	Fecha
1	Samuel Alberto Escrucería Manzi	Inhabilidad (Art.179-1)	8 de septiembre de de 1992
2	José Ramón Navarro Mojica	Incompatibilidad (Art.183-1)	5 de octubre de 1993
3	Álvaro Araújo Noguera	Incompatibilidad (Art.180-1 y 2)	1 de diciembre de 1993
4	Regina Betancur de Liska	Inducir o contribuir a partidos o movimientos políticos (Art. 110)	17 de agosto de 1994
5	Ricaurte Losada Valderrama	Incompatibilidad (Art.180-1)	7 de septiembre de 1994
6	Gustavo Espinosa Jaramillo	Conflicto de intereses (Art.183-1)	19 de marzo de 1996
7	José Francisco Jattín Safer	Conflicto de intereses (Art.183-1)	14 de mayo de 1996

Continúa

Número	Senador	Causal	Fecha
8	Henry Cubiles Olarte	Incompatibilidades (Art. 180-2	13 de noviembre de 1997
9	Carlos A. Oviedo	Incompatibilidades (Art.183-1)	13 de julio de 1999
10	Humberto Pava Camelo	Inhabilidad (Art.179-5)	1 de febrero de 2000
11	Edgar Perea	Incompatibilidad (Art. 180)	18 de julio de 2000
12	Gentil Escobar Rodríguez	Inhabilidad (Art. 179-2 y 3)	26 de junio de 2001
13	Luis Alfonso Hoyos Aristizábal	Incompatibilidad (Art.180-2)	11 de julio de 2001
14	José Antonio Gómez Hermida	Condena penal (Art.179-1)	4 de septiembre de 2001
15	Jaime Vargas	Indebida destinación de dineros públicos (Art. 183-4)	Mayo de 2003
16	Edgar Perea	Inhabilidad. Se rectifica sentencia	29 de junio de 2004
17	Iván Díaz Mateus	Inhabilidad	11 de febrero de 2008
18	Alirio Villamizar Afanador	Conflicto de intereses	27 de abril de 2010

Anexo 2. Lista de representantes que han perdido su investidura según causal (orden cronológico)

Número	Representante	Causal	Fecha
1	Juan Fernando Góngora Arciniegas	Inhabilidad (Art. 179-1)	7 de octubre de 1993
2	Leovigildo Gutiérrez	Incompatibilidad (Art. 180-1 y 2)	1 de diciembre de 1993
3	César Pérez García	Conflicto de intereses (Art. 183-1)	20 de enero de 1994
4	Emiro Raúl Pérez Ariza	Inhabilidad (Art.179-1)	3 de junio de 1994
5	Félix Salcedo Baldión	Incompatibilidad (Art.180-2)	26 de agosto de 1994
6	Alfonso Uribe Badillo	Indebida destinación de dineros públicos (Art.183-4)	19 de octubre de 1994

Continúa

Número	Representante	Causal	Fecha
7	Rafael Humberto Alfonso	Conflicto de intereses (Art.183-1)	19 de enero de 1998
8	Oscar Celio Jiménez Tamayo	Conflicto de intereses (Art. 183-1)	7 de julio de 1998
9	Armando Pomárico	Indebida destinación de dineros públicos (Art.183-4)	20 de junio de 2000
10	Octavio Carmona	Indebida destinación de dineros públicos (Art.183-4)	30 de mayo de 2000
11	Luis Norberto Guerra	Indebida destinación de dineros públicos (Art.183-4)	23 de mayo de 2000
12	Darío Saravia Gómez	Indebida destinación de dineros públicos (Art.183-4)	8 de agosto de 2000
13	Emilio Martínez Rosales	Indebida destinación de dineros públicos (Art.183-4)	3 de octubre de 2000
14	Miguel Ángel Flórez	Indebida destinación de dineros públicos (Art.183-4)	28 de noviembre de 2000
15	Juan Ignacio Castrillón	Indebida destinación de dineros públicos (Art.183-4)	5 de febrero de 2001

Continúa

Número	Representante	Causal	Fecha
16	Luis Javier Castaño Ochoa	Inhabilidad (Art. 183-1 y Art. 296 de la Ley 5/92)	5 de junio de 2001
17	Mario Rincón Pérez	Indebida destinación de dineros públicos (Art.183-4)	17 de julio de 2001
18	Fabio Martínez	Indebida destinación de dineros públicos (Art. 183-4)	5 de julio de 2002
19	Luis Alfonso Hoyos	Inhabilidad (183-1)	11 de julio de 2001
20	Franklin Segundo García Rodríguez	Indebida destinación de dineros públicos (Art.183-4)	22 de noviembre de 2001
21	Ancízar Carrillo	Inhabilidad (Art.179-2)	28 de agosto de 2001
22	Lorenzo Rivera Hernández	Indebida destinación de dineros públicos (Art.183-4)	28 de enero de 2002
23	Jaime Lozada Perdomo	Inhabilidad (Art.179-2)	19 de marzo de 2002
24	Carlos Alberto Martín Salinas	Inhabilidad (Art.179 y 181)	5 de marzo de 2002
25	Francisco Canossa Guerrero	Inhabilidad (Art.183)	14 de mayo de 2002
26	Libardo de Jesús Cruz Romero	Inhabilidad (Art.179-5 y 183)	28 de enero de 2002
27	Miguel Ángel Santos Galvis	Inhabilidad (Art. 179)	21 de mayo de 2002

Continúa

Número	Representante	Causal	Fecha
28	Luis Norberto Guerra Vélez	Malversación de fondos	1 de febrero de 2005
29	Jairo Díaz Contreras	Celebración de contratos	13 de febrero de 2007
30	Luis Alejandro Perea Albarracín	Inhabilidad	2 de septiembre de 2008
31	Juan Gabriel Díaz	Inhabilidad	26 de febrero de 2008
32	María Violeta Niño	Inhabilidad	10 de noviembre de 2009
33	Rubén Darío Salazar	Conflicto de intereses	6 de octubre de 2009
34	Luis Felipe Barrios Barrios	Conflicto de intereses	27 de julio de 2010
35	Noel Ricardo Valencia	Inhabilidad	15 de febrero de 2011

Anexo 3. Normas sobre conflicto de intereses

Ley 5.ª de 1992, mediante la cual se reglamenta el Congreso y establece reglas sobre la pérdida de investidura

Artículo 286. ***Aplicación.*** Todo Congresista, cuando exista interés directo en la decisión porque le afecte de alguna manera, o a su cónyuge o compañera permanente, o a alguno de sus parientes dentro del cuarto grado de consanguinidad o segundo grado de afinidad o primero civil, o a su socio o socios de derecho o de hecho, deberá declararse impedido de participar en los debates o votaciones respectivas.

Artículo 287. ***Registro de intereses privados.*** En cada una de las cámaras se llevará un libro de registro de intereses privados en el cual los congresistas consignarán la información solicitada con su actividad privada. En ella se incluirá la participación en sociedades anónimas o de responsabilidad limitada y similares, o en cualquier organización o actividad privada económica o sin ánimo de lucro de la cual haga parte, en el país o fuera de él.

Artículo 288. ***Término de inscripción.*** Los congresistas deberán suscribir sus intereses privados en el registro dentro de los primeros treinta (30) días del período constitucional, o de la fecha de su posesión.

Artículo 289. ***Publicidad del registro.*** El Secretario General de cada una de las Cámaras hará público el registro, y lo expresará, además, en la ***Gaceta del Congreso.***

Artículo 290. ***Modificación del registro.*** El cambio que se produzca en la situación de intereses privados de los congresistas, deberá inscribirse en el registro dentro de los treinta (30) días siguientes a la protocolización del cambio.

Artículo 291. ***Declaración del impedimento.*** Todo senador o representante solicitará ser declarado impedido para conocer y participar sobre determinado proyecto o decisión trascendental, al observar un conflicto de interés.

Artículo 292. ***Comunicación del impedimento.*** Advertido el impedimento, el congresista deberá comunicarlo por escrito al presidente de la respectiva comisión o corporación legislativa donde se trate el asunto que obliga al impedimento.

Artículo 293. ***Efecto del impedimento.*** Aceptado el impedimento se procederá a la designación de un nuevo ponente, si fuere el caso. Si el conflicto lo fuere respecto del debate y la votación, y aceptado así mismo el impedimento, el respectivo presidente excusará de votar al congresista.

La excusa así autorizada se entenderá válida para los efectos del parágrafo del artículo 183 constitucional, si asistiere a la sesión el Congresista.

El Secretario dejará constancia expresa en el acta de la abstención.

Artículo 294. ***Recusación.*** Quien tenga conocimiento de una causal de impedimento de algún congresista, que no se haya comunicado oportunamente a las Cámaras Legislativas, podrá recusarlo ante ellas. En este evento se dará traslado inmediato del informe a la Comisión de Ética del Estatuto del Congresista de la respectiva corporación, la cual dispondrá de tres (3) días hábiles para dar a conocer su conclusión, mediante resolución motivada.

La decisión será de obligatorio cumplimiento.

Artículo 295. ***Efectos de la recusación.*** Similar al del impedimento en el artículo 293.

Artículo 296. ***Causales.*** La pérdida de la investidura se produce:

1. Por violación del régimen de inhabilidades.
2. Por violación del régimen de incompatibilidades.
3. Por violación al régimen de conflicto de intereses.
4. Por indebida destinación de dineros públicos.

5. Por tráfico de influencias debidamente comprobadas.
6. Por la inasistencia, en un mismo período de sesiones, a seis (6) reuniones plenarias en las que se voten proyectos de acto legislativo y de ley o mociones de censura.
7. Por no tomar posesión del cargo dentro de los ocho (8) días siguientes a la fecha de instalación de las cámaras, o a la fecha en que fueren llamados a posesionarse.

PARÁGRAFO 1.º Las dos últimas causales no tendrán aplicación, cuando medie fuerza mayor.

PARÁGRAFO 2.º Para proceder en los ordinales 4 y 5 de este artículo se requerirá previa sentencia penal condenatoria.

Artículo 297. ***Causales de previo pronunciamiento judicial.*** Cuando las causales invocadas para pérdida de la investidura correspondan por indebida destinación de dineros públicos o tráfico de influencias debidamente comprobadas, la autoridad respectiva dará traslado de la sentencia ejecutoriada o en firme al Consejo de Estado en pleno, para que en los términos y condiciones legales sea declarada judicialmente.

Si el informe llegare a las cámaras legislativas, o por cualquier medio tuviere conocimiento del proceso adelantado en tal sentido, los secretarios generales solicitarán confirmación de la decisión emanada de la autoridad correspondiente y allegarán la documentación pertinente para la Comisión de Ética y Estatuto del Congresista. Si ello finalmente fuere comprobado, la Mesa Directiva de la respectiva cámara solicitará de inmediato al Consejo de Estado la declaratoria de pérdida de la investidura de congresista.

Artículo 298. ***Causales de pronunciamiento congresional.*** Si las causales de pérdida de la investidura fueren diferentes a las expresadas en el artículo anterior, cada una de las cámaras hará las correspondientes declaraciones, previa la evaluación que demande el informe final rendido por la comisión autorizada.

Para ello se tendrán especiales consideraciones con:

1. Las violaciones del régimen de inhabilidades, incompatibilidades y conflicto de intereses, las cuales serán calificadas por el pleno de cada corporación legislativa en los términos dispuestos por la Constitución Política y la ley, dando amplias garantías de defensa a quien acuse de la infracción y previo informe que presente la Comisión de Ética y Estatuto del Congresista.
2. La inasistencia a seis (6) reuniones plenarias, en un mismo período de sesiones, en las que se voten proyectos de acto legislativo y de ley o mociones de censura, y el no tomarse posesión del cargo dentro de los ocho (8) días siguientes a la fecha de instalación de las Cámaras, o a la fecha en que fuere el Congresista llamado a posesionarse, deberán de igual manera calificarse,

previo informe de la Comisión de Acreditación Documental, por las corporaciones legislativas al aplicar estrictamente las prescripciones constitucionales y reglamentarias.

Por "mismo período de sesiones" se entiende el definido por la Carta Fundamental y reglamentado en esta ley en el artículo 85 y concordantes, al disponer clases de sesiones cuya consideración, por razón de los efectos que conlleva, debe hacerse separadamente, y "fecha de instalación" será la de inauguración del período cuatrienal de sesiones.

3. De estas causales conocerá el Consejo de Estado en pleno.

Artículo 299. ***Solicitud obligatoria de la Mesa Directiva.*** En los eventos indicados si la decisión fuere desfavorable al congresista, la respectiva Mesa Directiva tendrá la obligación de enviar, al día siguiente, la solicitud motivada para que sea decretada por el Consejo de Estado la pérdida de la investidura.

A la solicitud se anexarán las actas y documentos del caso.

Artículo 300. ***Informe secretarial.*** Los secretarios de las cámaras comunicarán por escrito a la Comisión de Acreditación Documental, después de cada sesión, la relación de los congresistas que no concurrieren a las sesiones ni participaren en la votación de los proyectos de ley y de acto legislativo o en las mociones de censura.

Artículo 301. ***Solicitud ciudadana***. Cualquier ciudadano podrá solicitar al Consejo de Estado sea decretada la pérdida de la investidura congresal por haber incurrido, algún miembro de las cámaras, en una de las causales que la originan, en los términos del artículo 183 constitucional.

Esta solicitud deberá estar acompañada de las pruebas que así lo ameriten, en las condiciones legales. Si ello no fuere posible, pero existieren demostraciones sumarias sobre alguna de las causales invocadas, deberá el Consejo de Estado, antes de la iniciación del proceso judicial correspondiente, adelantar las indagaciones ante la respectiva Cámara. Esta, en el término de quince (15) días, dará los informes completos que se demanden.

Artículo 302. ***Procedimiento interno. Garantías***. Las causales de pérdida de la investidura calificadas previamente por la cámara respectiva y que afecten a alguno de sus miembros, exigirán de ésta el cumplimiento de un debido proceso de definiciones al interior que den amplias y plenas garantías de defensa y con predominio de la verdad real sobre la formal. Todas las razones, explicaciones y testimonios que se expongan, así como la documentación que se acredite, serán consignados en los Anales del Congreso. Cualquier persona podrá impugnar o controvertir tales exposiciones y documentos.

Artículo 303. Resoluciones ***de las Mesas Directivas***. Las comisiones encargadas de conocer y dictaminar sobre el proceder de los congresistas, darán cumplimiento a las resoluciones que expidan las mesas directivas de las cámaras, reunidas en sesión conjunta. Estas resoluciones establecerán con claridad las diversas etapas que en el proceso de calificaciones deberá llevarse a cabo hasta su decisión final por las respectivas plenarias.

Artículo 304. ***Declaración judicial.*** La pérdida de la investidura será decretada por el Consejo de Estado en un término no mayor de veinte (20) días hábiles, contados a partir de la fecha de la solicitud formulada por la mesa directiva de la cámara correspondiente o por cualquier ciudadano. Se entiende esta solicitud presentada en los términos indicados en el presente reglamento y en las leyes que lo adicionan y reformen. La ley fijará el procedimiento judicial especial correspondiente a la acción pública de pérdida de la investidura, en lo que al Consejo de Estado se refiere.

Ley 144 de 1994 (13 de julio) Por la cual se establece el procedimiento de pérdida de la investidura de los congresistas. (El texto en negrilla fue declarado inexequible)

Artículo primero. El Consejo de Estado **en pleno** conocerá y sentenciará en única instancia los procesos relativos a la pérdida de la investidura de los congresistas a solicitud de la mesa directiva de la cámara correspondiente o de cualquier ciudadano **y por las causas establecidas en la Constitución y la ley, en especial la Ley 5.ª de 1992 en sus artículos 292 y 298.**

Parágrafo. Por Consejo de Estado en pleno se entiende la reunión donde tienen derecho a participar los miembros de las diferentes salas que lo componen, esto es, la de lo Contencioso Administrativo y la de Consulta y Servicio Civil, conforme a lo establecido en el artículo 298 de la Ley 5.ª de 1992.

(Las palabras resaltadas fueron declaradas inexequibles. Sentencia C-247/95).

Artículo segundo. El Consejo de Estado dispondrá de un plazo no mayor de veinte (20) días hábiles contados a partir de la fecha de la presentación de la solicitud en la Secretaría General de la Corporación, para sentenciar el proceso.

Artículo tercero. Cuando la solicitud sea formulada por la Mesa Directiva de la Cámara a la cual pertenezca el congresista, ésta deberá ser enviada al Consejo de Estado **en pleno, dentro de los dos (2) días siguientes a la decisión adoptada por dicha Cámara,** junto con toda la documentación correspondiente.

(*Las palabras resaltadas fueron declaradas inexequibles. Sentencia C-247/95*)

Artículo cuarto. Cuando la solicitud sea presentada ante el Consejo de Estado por un ciudadano **común,** ésta deberá formularse por escrito y contener, al menos:

(*Las palabras resaltadas fueron declaradas inexequibles. Sentencia C-247/95*)

a) Nombres y apellidos, identificación y domicilio de quien la formula;

b) nombre del congresista y su acreditación expedida por la Organización Electoral Nacional;
c) invocación de la causal por la cual se solicita la pérdida de la investidura y su debida explicación;
d) la solicitud de práctica de pruebas, si fuere el caso;
e) dirección del lugar en donde el solicitante recibirá las notificaciones a que haya lugar.

Parágrafo. No será necesario formular la solicitud a través de apoderados.

Artículo quinto. Cuando la causal invocada sea la indebida destinación de dineros públicos o la de tráfico de influencias debidamente comprobado o la de haber sido condenado en cualquier época por sentencia judicial a pena privativa de la libertad, excepto por delitos políticos o culposos; también se deberá acompañar copia auténtica de la sentencia condenatoria debidamente ejecutoriada y de que ésta se encuentra vigente y no extinguida judicialmente.

Parágrafo. Cuando la causal invocada sea la de celebrar contrato, por interpuesta persona, con entidades públicas o ante las personas que administren tributos, se deberá acompañar copia auténtica de la sentencia debidamente ejecutoriada que así lo declare.

Cualquier ciudadano o el Ministerio Público podrán demandar ante el Tribunal Contencioso Administrativo que tenga jurisdicción en el domicilio de la entidad pública o de las personas que administren tributos, para que mediante el trámite del proceso ordinario se declare que el Congresista celebró contrato con ellas por interpuesta persona.

(*El artículo resaltado fue declarado inexequible. Sentencia C-247/95*)

Artículo sexto. La solicitud deberá ser presentada personalmente por su signatario, ante el Secretario General del Consejo de Estado. El solicitante que se halle en lugar distinto podrá remitirla, previa presentación personal ante Juez y Notario, caso en el cual se considerará presentado cuando se reciba en el despacho judicial de destino.

Artículo séptimo. Recibida la solicitud en la Secretaría, será repartida por el Presidente del Consejo de Estado el día hábil siguiente al de su recibo, y designará el magistrado ponente, quien procederá a admitirla o no, según el caso, dentro de los dos (2) días hábiles siguientes a su reparto. En el mismo término notificará al Congresista de la decisión respectiva.

El magistrado ponente devolverá la solicitud cuando no cumpla con los requisitos o no se alleguen los anexos exigidos en la ley y ordenará a quien corresponda, completar o aclarar dentro de los diez (10) días siguientes a su notificación, los requisitos o documentos exigidos. El incumplimiento de la orden dará lugar a las sanciones legales pertinentes.

Artículo octavo. Admitida la solicitud, en la misma providencia se ordenará la notificación personal al congresista, con la cual se dará iniciación al proceso judicial respectivo. También se notificará al agente del Ministerio Público a fin de que intervenga en el proceso. Las notificaciones se surtirán al día siguiente al de la expedición del auto que las decrete.

Artículo noveno. El congresista dispondrá de los tres (3) días siguientes, contados a partir de la fecha de la notificación, para referirse por escrito a lo expuesto en la solicitud. Podrá aportar pruebas o pedir las que considere conducentes, en los términos del artículo siguiente.

Artículo décimo. Al día hábil siguiente, el magistrado ponente decretará las pruebas pertinentes y señalará un término hasta de tres (3) días hábiles para su práctica. En la misma providencia indicará fecha y hora para la audiencia pública, que se cumplirá dentro de los dos (2) días siguientes.

Artículo once. A la audiencia pública asistirá el Consejo de Estado en pleno y será presidida por el magistrado ponente.

Las partes podrán intervenir, por una sola vez, en el siguiente orden: el solicitante o su apoderado, el agente del Ministerio Público y el congresista y su apoderado. Quien presida la audiencia podrá fijar el tiempo para las intervenciones.

Las partes podrán presentar al final de su intervención un resumen escrito.

Artículo doce. Realizada la audiencia, el magistrado ponente, deberá registrar el proyecto de sentencia, dentro de los dos (2) días hábiles siguientes y citará al

Consejo de Estado en pleno para estudiar y discutir la ponencia presentada. La decisión se tomará por mayoría de votos de los miembros que la integran.

Artículo trece. Ejecutoriada la sentencia se comunicará a la Mesa Directiva de la Cámara correspondiente, al Consejo Nacional Electoral y al Ministerio de Gobierno para lo de su cargo. Cuando el Consejo de Estado advierta la posible comisión de hechos punibles por parte del Congresista, o temeridad o mala fe en la acusación, la sentencia ordenará que se compulsen copias de toda la actuación a las autoridades competentes para las investigaciones y sanciones correspondientes.

Artículo catorce. Cuando se formulen acusaciones por varios ciudadanos éstas se acumularán a la admitida primero, siempre que no se haya decretado la práctica de pruebas.

Artículo quince. No se podrá admitir solicitud de pérdida de la investidura de un congresista en el evento de alegarse los mismos hechos que sirvieron de fundamento a las causales sobre las cuales ya se haya pronunciado el Consejo de Estado. Todas las sentencias en estos procesos producen efectos de cosa juzgada.

Artículo dieciséis. Conflicto de intereses. Definición: Los congresistas que dentro del año inmediatamente anterior a su elección hayan prestado servicios remunerados a gremios o personas de derecho privado sobre cuyos intereses o negocios incidan directamente actos que se encuentren al estudio del Congreso, deberán comunicarlo por escrito a la Mesa Directiva de la respectiva Corporación para que, decida si los Congresistas aludidos deben abstenerse de participar en el trámite y votación de dichos actos.

Artículo diecisiete. Recurso extraordinario especial de revisión. Son susceptibles del recurso extraordinario especial de revisión, interpuesto dentro de los cinco (5) años siguientes a su ejecutoria las sentencias mediante las cuales haya sido levantada la investidura de un parlamentario, por las causales establecidas en el artículo 188 del Código Contencioso Administrativo, y por las siguientes:

a) Falta del debido proceso;
b) violación del derecho de defensa;
c) **no haberse agotado el procedimiento interno en la respectiva corporación y proferido las declaraciones de ambas cámaras conforme al trámite establecido en el Reglamento del Congreso contenido en la Ley 5.ª del 17 de junio de 1992.**

(*Las palabras resaltadas fueron declaradas inexequibles. Sentencia C-247/95*)

Artículo dieciocho. Para los efectos del numeral 1 del artículo 180 Constitución Nacional, se entenderá que el congresista debe estar realizando, simultáneamente con las de parlamentario, funciones inherentes a las del cargo o empleo público o privado.

Artículo diecinueve. Esta ley deroga y modifica las disposiciones legales anteriores y rige desde la fecha de su promulgación.

Ley 617 de 2000, mediante la cual se establecen las inhabilidades e incompatibilidades y consagra la pérdida de investidura de diputados, concejales y ediles.

Ley 617 de 2000

ART. 48. –Pérdida de investidura de diputados, concejales municipales y distritales y de miembros de juntas administradoras locales. Los diputados y concejales municipales y distritales y miembros de juntas administradoras locales perderán su investidura:

1. Por violación del régimen de incompatibilidades o del de conflicto de intereses. No existirá conflicto de intereses cuando se trate de considerar asuntos que afecten al concejal o diputado en igualdad de condiciones a las de la ciudadanía en general.

Ley 734 de 2002 o nuevo CDU, sobre inhabilidades, incompatibilidades y prohibiciones

La Función Pública y la falta disciplinaria

Artículo 22. Garantía de la función pública. El sujeto disciplinable, para salvaguardar la moralidad pública, transparencia, objetividad, legalidad, honradez, lealtad, igualdad, imparcialidad, celeridad, publicidad, economía, neutralidad, eficacia y eficiencia que debe observar en el desempeño de su empleo, cargo o función, ejercerá los derechos, cumplirá los deberes, respetará las prohibiciones y estará sometido al régimen de inhabilidades, incompatibilidades, impedimentos y conflictos de intereses, establecidos en la Constitución Política y en las leyes.

Artículo 23. La falta disciplinaria. Constituye falta disciplinaria, y por lo tanto da lugar a la acción e imposición de la sanción correspondiente, la incursión en cualquiera de las conductas o comportamientos previstos en este código que conlleve incumplimiento de deberes, extralimitación en el ejercicio de derechos y funciones, prohibiciones y violación del régimen de inhabilidades, incompatibilidades, impedimentos y conflicto de intereses, sin estar amparado por cualquiera de las causales de exclusión de responsabilidad contempladas en el artículo 28 del presente ordenamiento.

Inhabilidades, impedimentos, incompatibilidades y conflicto de intereses

Artículo 36. Incorporación de inhabilidades, impedimentos, incompatibilidades y conflicto de intereses. Se entienden incorporadas a este código las inhabilidades, impedimentos, incompatibilidades y conflicto de intereses señalados en la Constitución y en la ley.

Artículo 37. Inhabilidades sobrevinientes. Las inhabilidades sobrevinientes se presentan cuando al quedar en firme la sanción de destitución e inhabilidad general o la de suspensión e inhabilidad especial o cuando se presente el hecho que las generan el sujeto disciplinable sancionado se encuentra ejerciendo cargo o función pública diferente de aquel o aquella en cuyo ejercicio cometió la falta objeto de la sanción. En tal caso, se le comunicará al actual nominador para que proceda en forma inmediata a hacer efectivas sus consecuencias.

Artículo 38. Otras inhabilidades. También constituyen inhabilidades para desempeñar cargos públicos, a partir de la ejecutoria del fallo, las siguientes:

1. Además de la descrita en el inciso final del artículo 122 de la Constitución Política, haber sido condenado a pena privativa de la libertad mayor de cuatro años por delito doloso dentro de los diez años anteriores, salvo que se trate de delito político.
2. Haber sido sancionado disciplinariamente tres o más veces en los últimos cinco (5) años por faltas graves o leves dolosas o por ambas. Esta inhabilidad tendrá una duración de tres años contados a partir de la ejecutoria de la última sanción.
3. Hallarse en estado de interdicción judicial o inhabilitado por una sanción disciplinaria o penal, o suspendido en el ejercicio de su profesión

o excluido de esta, cuando el cargo a desempeñar se relacione con la misma.

4. Haber sido declarado responsable fiscalmente.

Parágrafo 1.° Quien haya sido declarado responsable fiscalmente será inhábil para el ejercicio de cargos públicos y para contratar con el Estado durante los cinco (5) años siguientes a la ejecutoria del fallo correspondiente. Esta inhabilidad cesará cuando la Contraloría competente declare haber recibido el pago o, si este no fuere procedente, cuando la Contraloría General de la República excluya al responsable del boletín de responsables fiscales.

Si pasados cinco años desde la ejecutoria de la providencia, quien haya sido declarado responsable fiscalmente no hubiere pagado la suma establecida en el fallo ni hubiere sido excluido del boletín de responsables fiscales, continuará siendo inhábil por cinco años si la cuantía, al momento de la declaración de responsabilidad fiscal, fuere superior a 100 salarios mínimos legales mensuales vigentes; por dos años si la cuantía fuere superior a 50 sin exceder de 100 salarios mínimos legales mensuales vigentes; por un año si la cuantía fuere superior a 10 salarios mínimos legales mensuales vigentes sin exceder de 50, y por tres meses si la cuantía fuere igual o inferior a 10 salarios mínimos legales mensuales vigentes.

Parágrafo 2.° Para los fines previstos en el inciso final del artículo 122 de la Constitución Política a que se refiere el numeral 1 de este artículo, se entenderá por delitos que afecten el patrimonio del Estado aquellos que produzcan de manera directa lesión del patrimonio público, representada en el menoscabo, disminución, perjuicio, detrimento, pérdida, uso indebido o deterioro de los bienes o recursos públicos, producida por una conducta dolosa, cometida por un servidor público.

Para estos efectos la sentencia condenatoria deberá especificar si la conducta objeto de la misma constituye un delito que afecte el patrimonio del Estado.

Artículo 39. Otras incompatibilidades. Además, constituyen incompatibilidades para desempeñar cargos públicos, las siguientes:

1. Para los gobernadores, diputados, alcaldes, concejales y miembros de las juntas administradoras locales, en el nivel territorial donde hayan ejercido jurisdicción, desde el momento de su elección y hasta cuando esté legalmente terminado el período:

    a) Intervenir en nombre propio o ajeno en asuntos, actuaciones administrativas o actuación contractual en los cuales tenga interés el departamento, distrito o municipio correspondiente, o sus organismos;
    b) Actuar como apoderados o gestores ante entidades o autoridades disciplinarias, fiscales, administrativas o jurisdiccionales.

2. Para todo servidor público, adquirir o intervenir directa o indirectamente, en remate o venta de bienes que se efectúen en la entidad donde labore o en cualquier otra sobre la cual se ejerza control jerárquico o de tutela o funciones de inspección, control y vigilancia. Esta prohibición se extiende aun encontrándose en uso de licencia.

Artículo 40. Conflicto de intereses. Todo servidor público deberá declararse impedido para actuar en un asunto cuando tenga interés particular y directo en su regulación, gestión, control o decisión, o lo tuviere su cónyuge, compañero o compañera permanente, o algunos de sus parientes dentro del cuarto grado de consanguinidad, segundo de afinidad o primero civil, o su socio o socios de hecho o de derecho.

Cuando el interés general, propio de la función pública, entre en conflicto con un interés particular y directo del servidor público deberá declararse impedido.

Artículo 41. Extensión de las inhabilidades, incompatibilidades e impedimentos. Las inhabilidades, incompatibilidades e impedimentos señalados en la ley para los gerentes, directores, rectores, miembros de juntas directivas y funcionarios o servidores públicos de las empresas industriales y comerciales del Estado y sociedades de economía mixta, se hacen extensivos a las mismas autoridades de los niveles departamental, distrital y municipal.

Faltas gravísimas

Artículo 48. Faltas gravísimas. Son faltas gravísimas las siguientes:

17. Actuar u omitir, a pesar de la existencia de causales de incompatibilidad, inhabilidad y conflicto de intereses, de acuerdo con las previsiones constitucionales y legales.
    Nombrar, designar, elegir, postular o intervenir en la postulación de una persona en quien concurra causal de inhabilidad, incompatibilidad, o conflicto de intereses.